記載例から読み解く
戸籍の実務

― コンピュータ戸籍の基礎知識 ―

木村三男 監修
加藤信良 著

日本加除出版株式会社

はしがき

　みなさん，はじめまして，加藤信良と申します。本書を手にしていただきまして，ありがとうございます。

　みなさんは，初めて戸籍事務に従事することになったのではないでしょうか。着任早々コンピュータ戸籍を見て，迷ったり戸惑ったりしたのではないかと思います。

　しかし，慌てることも，そして焦ることもありません。私自身も平成13年4月に戸籍事務の現場に戻った時は，カルチャーショックでした。それ以前にも7年間戸籍事務を経験しましたが，当時は縦書きの紙戸籍でしたから，まさか，それが横書きになっていようとは，正に驚きだったのです。それでも自分なりに，じっくり構えて慣れるように取り組んだところ，何のことはありません！　紙戸籍の考え方をそっくりそのまま踏襲していることに気がつきました。例えば，身分事項欄に記載された出生事項を見ると，単に"てにをは"を取って上から横に並べただけじゃないか！　と気づいたわけです。

　ですからみなさんも，本書とともに，紙戸籍の記載例を読んでみてはいかがでしょうか。『平成年月日何処何処で出生月日父届出月日何々市長から送付入籍』と口に出して唱えてみてください（周囲に配慮し，念仏のように！）。出生だけでなく，その他の認知や婚姻の事項についても，その記載例を読んで，そして同じように口に出して唱えてみましょう。本書では，要所に紙戸籍の記載例を載せています。

　コンピュータ戸籍の記載例と見比べながら，自分流に，かつ，探求心を持って取り組めば理解できます。決して難しくありません。

　また，ベテランのみなさんも，本書を手にしていただいているのではないでしょうか。ベテランのみなさんには，本書とともに，何故これが"審査結果"での入力処理となるのか，戸籍システムの面からも考えていただけると，より一層コンピュータ戸籍が身近に感じられると存じます。

　本書の巻末に資料として，『コンピュータ戸籍のタイトル及びインデッ

はしがき

クス一覧』を載せましたが，ここから，タイトルの種類とインデックスの記録順序について読み取ることができると思います。

　いずれにしても，記載（記録）例を含めどう処理するかは，自分達で考えなければなりません。本書がその一助になれば幸いです。

　最後に，本書の執筆に当たりまして，適切なご指導と監修をしてくださいました日本加除出版株式会社常任顧問木村三男先生（元大津地方法務局長）に深く感謝申し上げます。

平成28年11月

加 藤 信 良
（元豊島区区民サービス担当係長）

目　　次

はじめに ———————————————————————————— 1

第1章　コンピュータ戸籍の見方

1　コンピュータ戸籍の記録事項証明書の見方と名称 ———————— 2
2　各事項について ————————————————————— 2

第2章　出　　生

1　インデックスの記録順序を理解する ————————————— 7
　事例1　非本籍地で父母がした嫡出子出生届出による出生事項
　　　　　の記録·· 7
2　インデックスの【届出人】の意味を理解する ————————— 10
　事例2　本籍地で母がした嫡出でない子の出生届出による出生
　　　　　事項の記録·· 10
3　記録の内容から出生届出の性質を読み解く ————————— 11
　事例3　本籍地で父がした戸籍法第62条の届出による出生事項
　　　　　の記録·· 11
4　特記事項の記録と移記 ——————————————————— 13
　事例4　離婚後300日以内に出生した子につき，父子関係不存
　　　　　在確認の裁判の判決書謄本及び確定証明書とともに母
　　　　　から届出された出生事項の記録························· 13
5　特記事項の記録から嫡出性の排除について読み解く ————— 16
　事例5　離婚後300日以内に出生した子につき，懐胎時期に関
　　　　　する証明書を添付して届出した出生事項の記録········· 16
6　特記事項の記録から離婚後の母の戸籍に直ちに入籍した経緯を
　読み解く ———————————————————————— 18

iii

目 次

事例 6　父母婚姻中の子について，父との親子関係不存在確認
　　　　の裁判書の謄本とともに，母の氏に変更する許可審判
　　　　書を添付して届出した出生事項の記録……………………18

7　入籍日から受理照会した出生届出であったことを読み解く（そ
　の1）──────────────────────20
　　事例 7　届出当時，子が学齢に達した年齢である出生届出の出
　　　　　　生事項の記録……………………………………………20

8　入籍日から受理照会した出生届出であったことを読み解く（そ
　の2）──────────────────────21
　　事例 8　父母双方が無国籍者として届出された出生事項の記録………21

9　入籍日から受理照会した出生届出であったことを読み解く（そ
　の3）──────────────────────23
　　事例 9　子の出生当時，母が満50歳以上である出生届出の出生
　　　　　　事項の記録（平成26年7月3日民一737号通達発出前の事
　　　　　　例）……………………………………………………………23

10　出生事項の記録から父の本国が事実主義の法制であることを
　　読み解く────────────────────26
　　事例10　父の申述書及び国籍を証する書面を添付して，母から
　　　　　　届出された嫡出でない子の出生事項の記録………………26

11　追完事項の記録から父の本国が事実主義の法制であることを
　　読み解く────────────────────28
　　事例11　出生届出後，子の戸籍に父の氏名及び国籍を記載する
　　　　　　旨の追完届出をした出生事項及び追完事項の記録…………28

第3章　認　　知

1　記録の内容から任意認知について理解する────────32
　　事例 1　子の本籍地で父がした任意認知の届出による認知事項
　　　　　　の記録…………………………………………………………32

2　記録の内容から裁判認知について理解する────────35

事例2　子の本籍地で母が届出した裁判認知による認知事項の
　　　記録 ……………………………………………………… 35

3　記録の内容から遺言認知について理解する ── 36

事例3　子の本籍地で遺言執行者が届出した遺言認知による認
　　　知事項の記録 ………………………………………………… 36

4　記録の内容から胎児認知について理解する ── 38

事例4　母の本籍地で届出した胎児認知による認知事項の記録 …… 38

5　訂正事項の記録から婚姻準正について読み解く ── 41

事例5　母が認知者（父）と婚姻したことにより，準正嫡出子
　　　となったため，父母との続柄を嫡出子としての続柄に
　　　訂正した場合の訂正事項の記録 ………………………… 41

6　認知事項の記録から認知準正について読み解く ── 44

事例6　母の婚姻後，父である夫からの認知届出により，準正
　　　嫡出子となったため，父母との続柄を嫡出子としての
　　　続柄に訂正した認知事項の記録 ………………………… 44

7　胎児認知事項の記録から子の日本国籍取得と新戸籍編製を読み　解く ── 46

事例7　日本人男から胎児認知された外国人母から出生した子
　　　の出生事項と胎児認知事項の記録 ……………………… 46

8　特記事項の記録から父の本国法が事実主義であることを読み解　く ── 48

事例8　父子関係の成立が事実主義の法制を採る国の国籍を持
　　　つ父を相手に，親子関係存在確認の裁判を確定させた
　　　として届出した認知事項の記録 ………………………… 48

9　婚姻後200日以内に出生した子に対する母の夫からの認知届　を読み解く ── 50

事例9　嫡出でない子として出生届出された子に対し，母の夫
　　　から認知届出がなされたため父の氏名記録と父母との
　　　続柄を訂正した記録事項 ………………………………… 50

目　次

第4章　養子縁組

1　記録の内容から養子縁組について理解する ──────── 54

事例1　妻の連れ子を養子とする縁組の届出による養子縁組事

項の記録……………………………………………………54

2　記録の内容から夫婦共同縁組について理解する ─────── 59

事例2　妻の嫡出でない子を夫が妻とともに養子とする縁組事

項の記録……………………………………………………59

3　縁組事項から新戸籍編製と民法上の氏の変更について理解する ── 63

事例3　婚姻で氏を改めなかった夫が，妻の同意を得て，父の

後妻の養子となる縁組の届出をした場合の記録………………63

第5章　養子離縁

1　記録の内容から養子離縁について理解する ──────── 67

事例1　妻との離婚後，その連れ子（嫡出子）と協議離縁によ

る養子離縁事項の記録……………………………………67

2　記録の内容から離縁による復氏の取扱いについて理解する ──── 71

事例2　妻と離婚後，妻の嫡出でない子との協議による養子離

縁事項の記録………………………………………………71

3　離縁後も縁組中の氏を称する例外的氏変更について読み解く ──── 75

事例3　縁組期間が7年以上ある養女が，離縁後も縁組中の氏

を称したいとして，協議離縁届出と同時に戸籍法73条

の2の届出をした場合の記録…………………………………76

第6章　婚　姻

1　記録の内容から婚姻について理解する ──────── 81

事例1　婚姻後の新本籍地でした婚姻の届出による婚姻事項の

記録…………………………………………………………81

vi

目　次

2　外国籍者との婚姻について理解する ―――――――― 86
事例2　外国人男性との婚姻の届出による婚姻事項の記録…………86

3　配偶者の氏変更から外国人妻の氏に関する考え方を読み解く ―― 90
事例3　婚姻の効果により，フィリピン人妻が日本人夫の氏を
　　　　自己の氏に付加する結合氏に変更したとして，日本人
　　　　夫から，配偶者の氏を変更するとの申出と，同籍する
　　　　夫婦の長女の母欄を更正するとの申出による記録…………91
事例4　ブラジル人妻との婚姻届出とともに，日本人夫から妻
　　　　の氏名を変更するとの申出による記録……………………95

第7章　離　　婚

1　記録の内容から離婚について理解する ―――――――― 97
事例1　夫婦の本籍地でした協議離婚の届出による離婚事項の
　　　　記録………………………………………………………97

2　記録の内容から裁判離婚について理解する ――――――― 102
事例2　夫婦の本籍地で夫がした調停離婚の届出による離婚事
　　　　項の記録……………………………………………………102

3　離婚後も婚姻中の氏を称する例外的氏変更について読み解く ―― 106
事例3　夫の氏を称する妻が，夫との協議離婚の届出と同時に
　　　　戸籍法77条の2の届出をした場合の記録…………………107

第8章　親権・未成年後見

1　記録の内容から嫡出でない子の親権者指定について理解する ―― 112
事例1　嫡出でない子を父が認知し，その後，父母の協議で父
　　　　を親権者に指定する旨の届出による親権事項の記録………112

2　記録の内容から父の遺言による未成年後見人指定について理解
する ―――――――――――――――――――――――― 114
事例2　父の親権に服していた子に対して，父の遺言による未

vii

目　次

　　　成年後見人指定に基づく届出がされた場合の未成年後
　　　見の記録 ··· 114

第9章　死　　亡

1　記録の内容から死亡について理解する ──────── 117
　事例1　事件本人の本籍地で同居者がした死亡の届出による死
　　　　　亡事項の記録 ··· 117
　事例2　事件本人の本籍地で成年後見人が死亡の届出をした死
　　　　　亡事項の記録 ··· 121
2　記録の内容から夫婦同時死亡について理解する ──── 122
　事例3　夫婦が同時刻頃に死亡したとの届出による死亡事項の
　　　　　記録 ··· 122
3　記録の内容から職権による死亡の記載について理解する ── 125
　事例4　届出義務者がいないとして，福祉事務所長からの死亡
　　　　　の記載申出による死亡事項の記録 ················· 125

第10章　入籍・氏変更

1　記録の内容から母の氏を称する入籍について理解する ── 128
　事例1　母の氏を称する入籍の届出による入籍事項の記録 ·········· 128
2　記録の内容から戸籍法上の氏変更について理解する ──── 133
　事例2　戸籍上の氏を変更するとして届出した氏変更事項の記
　　　　　録 ··· 133
3　記録の内容から同籍する旨の入籍について理解する ──── 137
　事例3　婚姻前の母の戸籍に同籍していた嫡出でない子が，母
　　　　　の離婚後，さらに母と同籍したいとしてした入籍の届
　　　　　出による入籍事項の記録 ·························· 138
4　記録の内容から従前の氏に復する（戻る）入籍について理解す
　る ──────────────────────── 141

viii

目　次

事例4　母の氏を称する入籍後，成年に達したため入籍前の氏
　　　　に戻るとして，子本人がした入籍の届出による入籍事
　　　　項の記録 ……………………………………………………… 141

第11章　国籍の取得

1　記録の内容から日本国籍取得について理解する ——————— 144

事例1　国籍取得届出による国籍取得事項の記録 ……………………… 144

第12章　戸籍訂正

1　除籍・入籍から嫡出否認による戸籍訂正処理について読み解く — 148

事例1　離婚後300日以内に出生した子に対して，前夫が嫡出
　　　　否認の裁判を確定させ，戸籍訂正申請したことによる
　　　　消除，除籍，入籍の記録 ………………………………………… 148

2　消除・移記から親子関係不存在確認による戸籍訂正処理について読み解く ———————————————————————— 151

事例2　離婚後300日以内に出生した子に対して，母が前夫と
　　　　の親子関係不存在確認の裁判を確定させ，戸籍訂正申
　　　　請したことによる消除，移記の記録 …………………………… 151

3　母が外国人の場合の嫡出否認による戸籍訂正処理について読み解く ———————————————————————————— 154

事例3　離婚後300日以内にフィリピン人母から出生した子に
　　　　対して，日本人前夫が嫡出否認の裁判を確定させ，戸
　　　　籍訂正申請したことによる戸籍の記録全部消除の記録 …… 154

4　戸籍上の父母双方との親子関係不存在確認の訂正処理について読み解く ———————————————————————————— 157

事例4　嫡出子として入籍している子に対し，戸籍上の父母双
　　　　方との親子関係不存在確認の裁判を確定させたとして，
　　　　真実の母からなされた戸籍訂正申請による消除の記録 …… 158

ix

目　次

参考　コンピュータ戸籍のタイトル及びインデックス一覧 ‥ 161

細目次……………………………………………………………… 161

1　戸籍事項————————————————————————164

2　身分事項————————————————————————166

事項索引 ………………………………………………………… 217

はじめに

　戸籍事務を処理していくにあたっては，届書の受付・審査・受理から，その記載及び証明書の発行等に至るまで，一連の戸籍関係業務に精通するとともに，民法・戸籍法等をはじめ様々な関連法令の知識が必要となり，なかなか一筋縄にはいきません。

　本書のテーマは「戸籍記載」となりますが，様々な記載例を取り上げていく中で，戸籍記載の基本的なルールを紐解いていくとともに，各種事項の法的な根拠を読み解いていきます。個々人（自然人）の親族法上の身分関係を正確に記載（記録）し，その内容の公証を使命とする戸籍制度をいち早く理解するには，これらの記載例から何を読み解くか，との視点で考えるのが近道ともいえます。まずは，基本的な考え方から整理していきたいと思います。

第1章　コンピュータ戸籍の見方

第1章

コンピュータ戸籍の見方

1　コンピュータ戸籍の記録事項証明書の見方と名称

　最初に，コンピュータ戸籍の記録事項証明書の見方から入ります。まず，どの欄に，どのような事項が記載されるかを理解しておく必要があります。次頁の戸籍の記載のひな形を参照しながら説明していくこととします。

2　各事項について

①　本籍の表示欄

　この欄には本籍が表示されます。「本籍」とは，戸籍の所在場所をいい，一つの戸籍に記載される各人に共通する事項です。町丁名までは，一丁目，二丁目，三丁目というように和数字で表示し，地番号についてはアラビア数字（算用数字）で表示します。

②　筆頭者の氏名欄

　この欄には，戸籍の筆頭者の氏名が表示されます。上記の「①本籍の表示欄」とともに，戸籍の索引的役割（本籍＋筆頭者で戸籍を特定することから）を果たすものです。氏と名の間には区別を付けるため，一文字分のスペースを空けることとしています。

③　戸籍事項欄

　この欄には，この戸籍がいつ編製（新戸籍として作成）されたかを明らかにする必要があることから，その年月日が表示されます。

　編製年月日の他に，この戸籍自体に変動があった場合や，戸籍に記載されている各人に共通する事項についても記録する欄になっています（戸規34条）。

2

第1章　コンピュータ戸籍の見方

【図】戸籍の記載のひな形

(1の1) | 全 部 事 項 証 明

本　　籍　　①	東京都豊島区東池袋一丁目８００番地
氏　　名　　②	甲野　義太郎
戸籍事項　③ 　　戸籍編製　⑥	⑨ 【編製日】平成24年7月7日
戸籍に記録されている者 ④	【名】義太郎 【生年月日】昭和６０年８月１日　　　　　　【配偶者区分】夫 【父】甲野幸雄 【母】甲野松子 【続柄】長男
身分事項　⑤ 　　出　　生　　⑥	【出生日】昭和６０年８月１日 【出生地】東京都千代田区 【届出日】昭和６０年８月８日 【届出人】父
訂　　正　　⑦	【訂正日】平成２４年１２月１５日 【訂正事由】誤記 【従前の記録】 　　　【出生地】東京都豊島区 　　　【届出日】昭和６０年８月３日
婚　　姻　　⑥	【婚姻日】平成２４年７月７日 【配偶者氏名】乙野梅子 【従前戸籍】東京都豊島区東池袋一丁目８００番地　甲野幸雄
訂　　正　　⑥	【訂正日】平成２５年２月５日 【訂正事項】母の氏名 【訂正事由】誤記 【従前の記録】 　　　【母】甲野松代
戸籍に記録されている者 　除　　籍⑧	【名】英子 【生年月日】平成２４年３月３日 【父】甲野義太郎 【母】甲野梅子 【続柄】長女
身分事項 　（以下省略）	以下省略

第1章　コンピュータ戸籍の見方

④　**戸籍に記録されている者の欄**

　この欄には，この戸籍に記載されている者の名が表示されます。名だけではなく，生年月日，父母の氏名，父母との続柄，そして配偶者の有無についても表示されます。紙戸籍における，身分事項欄の下側の，「父母欄」「父母との続柄欄」「配偶欄」「名欄」「生年月日欄」に相当します。

⑤　**身分事項欄**

　この欄には，出生，婚姻，縁組，死亡等の身分に関する事項が表示されます。紙戸籍の場合は，身分事項欄の方が名欄の上になっていますが，コンピュータ戸籍の場合は下になっています。これは，身分事項は届出がある度に記録が増えるため，それに対応できるようにしたものです。

⑥　**基本タイトル**

　これらの，左側の欄に表示されている「戸籍編製」，「出生」，「婚姻」等の表示を基本タイトルといい，届出の種類をも示します。なお，次に説明する「段落ちタイトル（処理タイトル）」を含めて，単に「タイトル」ともいいます。

⑦　**段落ちタイトル（処理タイトル）**

　上記⑥の基本タイトルから，2文字分右にずれて表示されているものを「段落ちタイトル」といいます。この段落ちタイトルは，現になされている記載事項の一部を訂正等により処理をしたものであることから，「処理タイトル」ともいいます。

♪POINT♪

訂正における「基本タイトル」と「段落ちタイトル」の違い

　訂正⑦は，段落ちタイトルとしての訂正になっていますが，これは身分事項欄の記録の一部に修正の処理を加えたことを意味します。つまり，直上の基本事項の一部を訂正したことを示すために表示したものです。紙戸籍の身分事項欄の記載事項の一部を訂正した場合に相当します。

　訂正⑥は，戸籍に記録されている者欄の母の氏名を訂正したもので，身分

4

事項欄の記録の一部を修正したわけではありませんから，基本タイトルの訂正で示し，さらに，インデックスの【訂正事項】で訂正箇所を具体的に示すために表示したものです。紙戸籍の名欄右側の母欄の名を訂正した場合に相当します。

コンピュータ戸籍は，システム化するに当たり，紙戸籍の記載に忠実に則ることを基本としています。

⑧　除籍マーク

この除籍マークは，養子縁組，婚姻及び死亡等の届出により「この戸籍から除いた者」を示すために表示したものです。当然のように二重戸籍（記録）は許されませんので，他の戸籍に移った（死亡の場合はこの戸籍で終わった）者に対する紙戸籍でいうところの，名欄に施す「朱線交叉」に相当します。

コンピュータ戸籍では，朱線交叉ができないことから，このようなマークを表示させることで，除籍になった（他の戸籍に移った，ここで終わった）ことを示したものです。

なお，このマークの他に「消除マーク」があります。この消除マークは，この戸籍に入れなかったにもかかわらず，誤って入籍した場合に，その後の処理で，この戸籍から消してしまう訂正をする場合に表示させます。紙戸籍でいうところの，父母欄，生年月日欄を含めた名欄全体に朱線交叉する場合に相当します。

⑨　インデックス（項目）

戸籍事項の右側の【編製日】や，戸籍に記録されている者の右側の【名】や【続柄】，【生年月日】等，さらに，身分事項の右側の【出生日】等の【　】に囲まれて記録されている項目を「インデックス」といいます。

コンピュータ戸籍は，紙戸籍の記載例を項目ごとに分解して表示したものです。タイトルとインデックスの双方をもって，紙戸籍でいうところの出生事項とか婚姻事項というのです。

第1章　コンピュータ戸籍の見方

　コンピュータ戸籍の記録全体と各タイトルを，紙戸籍と対比しながら，しっかりと押さえることで読み解く力が身につきます。今回は，紙戸籍の記載のひな形については示しませんでしたが，戸籍実務六法に載っていますので，そちらと対比しながら確認すると良いでしょう。

第2章

出　　生

　人の一生は出生から始まります。戸籍の届出について，戸籍法も出生の届出から規定しています。そこで，まず，出生の記録事項から読み解く事項について，順次整理していくこととします。

インデックスの記録順序を理解する

事例1　非本籍地で父母がした嫡出子出生届出による出生事項の記録

(1) 戸籍の記載例

ア　コンピュータ戸籍の記載例

※この左側に記載される事項を「基本タイトル」といいます。
↓

※この右側の欄に記載される【　】で囲まれた項目を「インデックス」といいます。
↓

出　　生	【出生日】平成２５年１月３１日　→ ❶
	【出生地】横浜市金沢区　→ ❷
	【届出日】平成２５年２月１３日　→ ❸
	【届出人】父母　→ ❹
	【送付を受けた日】平成２５年２月２０日　→ ❺
	【受理者】横浜市金沢区長　→ ❻

イ　紙戸籍の記載例

　　　平成弐拾五年壱月参拾壱日❶横浜市金沢区❷で出生同年弐月拾参日❸父母届出❹同月弐拾日❺同区長❻から送付入籍㊞

(2) 本記載例のポイント

ア　記載（記録）の順序

　　　コンピュータ記載例は，紙戸籍の記載例を基本にシステム化したものです。紙戸籍は一つの文章（作文調）になっていますが，コンピュータ

7

第2章　出　　生

　　記載例は，その紙戸籍の文章から「てにをは」を取り除いて項目化し，
　　単語（節）を同じ順番に並べたものとなっています。それぞれ❶～❻の
　　順番になっていることからも明らかです。
イ　「記載」と「記録」の違い
　　コンピュータ戸籍の原本は，磁気ディスクのため可視的なものではな
　　いことから「記録」と言い，紙戸籍は，原本が可視的なものであること
　　から「記載」と言います。
ウ　紙戸籍の「多画文字」
　　紙戸籍の場合の生年月日や届出年月日は，書き換えられないようにす
　　るため，多画文字で記載することになっています（戸規31条2項）。例え
　　ば「三」に縦の線を2本入れると，「五」になってしまいます。
　　このような改ざん防止のほか，誤って判読されないために画数の多い
　　文字で記載することとしているのです（戸籍法施行規則解説①299頁参照）。
　　コンピュータ戸籍の場合には，戸籍法施行規則第73条による付録第24
　　号のひな形において地番号や年月日の数字については，アラビア数字
　　（算用数字）で記録することとしています。
(3)　**本記載例の読み方**
ア　出生日と出生地
　　❶【出生日】と❷【出生地】は，届書に添付された出生証明書を基に
　　記録されるものです。
イ　届出日
　　❸【届出日】には，届書が窓口に提出された日（受付日）が記録され
　　ます。なお，出生届の届出期間は，子の生まれた日から14日以内とされ
　　（戸49条1項），その期間の計算においては，生まれた日を第1日目とし
　　て数えます（戸43条）。よって，本事例では，ちょうど14日目に届出さ
　　れたものとなります。
ウ　届出人
　　❹【届出人】には，届出人の資格（及び氏名）が記録されます。ここ
　　でいう「届出人」とは，「届書類を持って届けに来る人」ではありませ
　　ん。戸籍法の考え方は，一般の考え方と異なり，出生届書の届出人欄に

8

第2章 出　生

署名すべき人（署名した人）のことを「届出人」というのです。持って
くる人は，単なる「使者」との考え方なのです。使者は誰でもよいので
す。他の届出（届書）についても同じです。

　本事例は，父母が「届出人」となっています。戸籍法第52条第１項で
は，「父又は母」を届出義務者と規定していますが，父母双方が届出人
（出生届書の届出人欄に双方が署名）になってもよいのです。

　なお，届出人の資格氏名については，出生届に限らずどの届出におい
ても，事件本人（この場合は出生子）以外の者が届出した場合は，原則
として，その資格と氏名を記載することになっています。

　ただし，届出人の資格が父母となる場合は，氏名は省略することとし
ています（戸規30条２号）。それは，事件本人の父母欄を見ればその氏名
が分かるからです。

　したがって，出生届出人の資格が父母以外の場合は，氏名まで記載す
るということです。例えば，父が海外赴任中で，母が出産後病気等の事
情で届出ができない場合に，母と同居している祖母が同居人として届出
する場合等が考えられます。この場合の記載例は，次のようになります。

↓

（コンピュータ戸籍の記載例）

出　　生	【出生日】平成２５年３月２日 【出生地】東京都中央区 【届出日】平成２５年３月１１日 【届出人】同居者　甲野梅子　→	※コンピュータ戸籍では，資格と氏名の間に一文字分のスペースを空けます。

（紙戸籍の記載例）

　平成弐拾五年参月弐日東京都中央区で出生同月拾壱日同居者甲野梅子
届出入籍㊞

エ　戸籍届書の送付に関する記載

　❺【送付を受けた日】と❻【受理者】は，本籍地以外の市区町村で届
出された場合に記録される事項です。本籍地に届出された場合には，こ
の２つの事項は記録されません。

　❺【送付を受けた日】は，届出地（非本籍地）の市区町村長から，子

9

第2章 出　生

が入籍すべき戸籍のある本籍地の市区町村長に届書が送付され（戸規26条），その送付を受けた日が記録されたものです。

❻【受理者】は，提出された出生届書を審査し受理の決定をした（非本籍地の）市区町村長のことです。出生届の受理証明書を求められた場合，受理者である横浜市金沢区長を案内できるようになっているのです。

なお，本事例では，県名がありませんが，政令指定都市の場合は県名を省略できるとの先例（昭和45・3・31民事甲1261号通達二の4の(1)）があることから，「神奈川県」が省略されています。コンピュータシステムでは入力の際，都道府県名から選択しますから，政令指定都市であっても県名を記録する市区町村が多くなっています。

また，県名と県庁所在地の市名が同じ場合は，県名を省略して差し支えない（同通達二の4の(2)）ともしています。

❷ インデックスの【届出人】の意味を理解する

| 事例2 | 本籍地で母がした嫡出でない子の出生届出による出生事項の記録 |

(1)　戸籍の記載例

ア　コンピュータ戸籍の記載例

　　出　　生　　【出生日】平成２５年２月２８日
　　　　　　　　【出生地】東京都豊島区
　　　　　　　　【届出日】平成２５年３月１３日
　　　　　　　　【届出人】母

イ　紙戸籍の記載例

　　平成弐拾五年弐月弐拾八日東京都豊島区で出生同年参月拾参日母届出入籍

(2)　「【届出人】母」から読み解くべき事項と考えるべきこと

出生事項の記録は，出生届の届出義務者からの届出に基づいて記録され

第2章 出　　生

るものです。本事例は，「【届出人】母」となっていることから，出生届の届出義務者が母であり，その母が出生届出をしたものであると読み解くことができます。

　出生届出の審査において，子の出生時点で母が婚姻中であるか否かを戸籍面上で確認します（非本籍地の場合は母の本籍地に電話照会して確認します。）から，母が婚姻中でない場合は，嫡出でない子となり，出生届出の義務者が母となります。

　しかしながら，嫡出子の場合も母は届出義務者です（戸52条1項）。したがって，子の出生事項のみでは嫡出子か嫡出でない子かの見分けはできません。

　「【届出人】母」から，一義的に子は嫡出でない子と判断しても，その確証を得るためには，母の身分事項欄の婚姻事項の有無や，子の父欄の記録の有無を見た上で判断しなければならないのです。

　以上のことを，本事例の記載例から読み解き，そして考えるべきなのです。

3　記録の内容から出生届出の性質を読み解く

| 事例3 | 本籍地で父がした戸籍法第62条の届出による出生事項の記録 |

(1)　戸籍の記載例

ア　コンピュータ戸籍の記載例

　　　出　　生　　【出生日】平成２５年１月３１日
　　　　　　　　　【出生地】石川県金沢市
　　　　　　　　　【届出日】平成２５年２月１３日
　　　　　　　　　【届出人】父

イ　紙戸籍の記載例

　　平成弐拾五年壱月参拾壱日石川県金沢市で出生同年弐月拾参日父届出入籍㊞

11

第2章 出 生

(2) 本記載例のポイント

ア 戸籍法第62条の出生届出とは

　　子の出生日が，父母の婚姻日より前であるものの，父母の婚姻届出後に父から（戸籍法上は父母と規定しているが父のみでも良い）子を嫡出子として出生届出をすると，その出生届出に認知の届出の効力を認めるとするもので，報告的届出であるとともに，創設的届出も兼ね備えている性質の出生届出のことです。

　　そのため，コンピュータ戸籍での戸籍の受附帳の件名が，「出生（認知）」として画面に表示されます。

　　戸籍法第62条の出生届出による出生子は，準正嫡出子となりますが（民789条2項），生まれながらの嫡出子として，直接父母の婚姻後の戸籍に入籍させる取扱いです（昭和23・1・29民事甲136号通達(2)）。つまり，通常の嫡出子と同じ扱いにするということです。

　　なお，一般的な準正嫡出子の場合は，当然に父母の氏を称することはなく，母の婚姻前の戸籍に在籍する子は，父母の氏を称する入籍届（民791条2項，戸98条）をしなければ父母の戸籍には入れません（昭和62・10・1民二5000号通達第5の3）。この点，取扱いが異なりますので，気をつけたいところです。

イ 通常の嫡出子出生届出と戸籍法第62条の出生届出における戸籍記録の違い

　　通常の嫡出子の出生事項（**事例1**（7頁）参照）と，戸籍法第62条による出生事項は，基本的に同様の記録となるため，この事項のみでは，その違いを判別することはできません。戸籍法第62条の出生届の場合には，子の出生日が，父母の婚姻日より前となりますので，実務では父母の婚姻日と子の出生日を見比べて生来の嫡出子であるかどうかを判断します。

12

第2章 出　　生

❹ 特記事項の記録と移記

事例4 離婚後300日以内に出生した子につき，父子関係不存在確認の裁判の判決書謄本及び確定証明書とともに母から届出された出生事項の記録

(1) 戸籍の記載例
ア　コンピュータ戸籍の記載例

　　出　　生　　【出生日】平成２５年３月１５日　　→ ❶
　　　　　　　　【出生地】東京都豊島区　　　　　　→ ❷
　　　　　　　　【届出日】平成２５年７月２０日　　→ ❸
　　　　　　　　【届出人】母　　　　　　　　　　　→ ❹
　　　　　　　　【特記事項】平成２５年７月１１日甲野義太郎
　　　　　　　　　との親子関係不存在確認の裁判確定　→ ❺

イ　紙戸籍の記載例
　　❶平成弐拾五年参月拾五日❷東京都豊島区で出生❸同年七月弐拾日❹母届出
　　❺（平成弐拾五年七月拾壱日甲野義太郎との親子関係不存在確認の裁判確定）入籍㊞

(2) 本記載例のポイント
ア　特記事項の記載（記録）について
　　離婚後300日以内に出生した子は，民法第772条の適用により母の前夫の子と推定されるため，母の婚姻中の氏を称し（民790条1項ただし書），その離婚当時の戸籍（母の婚姻中の最後の戸籍）に入籍させなければなりません（戸18条1項）。しかし，本事例は，母の離婚した前夫は，実は父ではないとして，同条の適用を排除する裁判を確定させた上で，母が嫡出でない子として出生の届出をし，母の復氏後の戸籍に直接入籍させた場合（昭和46・2・17民事甲567号回答）の記載例となります。
　　この場合，子がなぜストレートに離婚後の母の戸籍に入籍したのかを明らかにするために，【特記事項】として（紙戸籍では括弧書きで），親子関係不存在確認の裁判（以下，単に「裁判」といいます。）が確定した

13

第2章　出　　生

旨を記録することとなります。戸籍システムでは，「対象父（甲野義太郎）」と「裁判の区分（２．親子関係不存在を選択）」等を入力することで【特記事項】が記録されます。

イ　特記事項の移記について

本事例の【特記事項】については，転籍，婚姻等により入籍戸籍又は新戸籍に出生事項を移記する際には移記を要しません。

出生事項は，移記事項とされています（戸規39条）が，本事例の特記事項については，出生当時の戸籍に記録（記載）しておくだけでよいとの取扱いです。移記を要しない理由の趣旨として，「嫡出性を遡及的に排除した正当な出生届出であることを公示するためのものであるから，その後は移記を要しない。」との解説がなされています（戸籍法施行規則解説③(1)257頁参照。）。

(3)　**本記載例の読み方**

ア　出生日と出生地

❶【出生日】と❷【出生地】は，届書に添付された出生証明書を基に記載されるものです。**事例１**（７頁）と同じです。

イ　届出日

❸【届出日】には，届書が窓口に提出された日が記載されます。本事例では，出生から約４か月後に届出がされています。届出期間が経過していますので（戸49条１項），失期通知が必要です（戸規65条）。

また，戸籍法第53条では，嫡出子否認の裁判を提起した場合でも出生の届出を義務付けています。本事例は，そのような事情を承知の上で，裁判確定後に母が届出をしたものと考えられます。

ウ　届出人

❹【届出人】には，子が嫡出でない子となったことから，届出義務者であり，実際に届出した母の資格が記載されます。氏名については母欄で分かるため省略します（戸規30条２号）。

エ　特記事項

繰り返しになりますが，❺【特記事項】は，後日の紛争を避けるため，また実際に裁判が確定していることから，一旦はどうしても記載しなく

14

第2章　出　　生

てはなりません。紙戸籍では，括弧書きで記載される事項ですが，コンピュータ戸籍では特記事項を設けて，そこに記録することとされています。

　戸籍のコンピュータ化に当たって，法令等の例外規定が適用されるためシステム化できなかった事項については，特記事項で対応するものとされています。紙戸籍の括弧書きの多くが特記事項対応となっています。この括弧書きの記載例については，どの届出にもありますので，随時触れていきたいと思います。

オ　出生届出までの間の子の住民票について

　出生の届出がされるまでは，原則として子の住民票は作成されません。住民票がないと（住民登録されないと）国民健康保険や乳幼児医療証等の行政サービスの提供を受けることができません。

　裁判を申し立てたとの家庭裁判所からの証明書等を添付すれば，住民票記載の申出ができます。事前に母等から相談があった場合は，この申出について案内します。その際は，住民記録担当者と連絡調整をとって対応します。

　平成24年7月25日総行住第74号総務省自治行政局住民制度課長通知の「出生届の提出に至らない子に係る住民票の記載について」をしっかり押さえておくことも肝要です（戸籍届出の窓口が第一番目であることを念頭に）。

(4)　【届出人】の記録から嫡出子，戸籍法第62条による準正嫡出子，嫡出でない子を読み解けるか

　基本編の出生として最後になりますので，ここで，出生事項中のインデックス【届出人】から子の嫡出性について読み解けるか，について考えてみたいと思います。

ア　嫡出子の場合

　父母による届出に限った場合，嫡出子出生届出の場合は，「【届出人】父」，「【届出人】母」，「【届出人】父母」の3通りあります（戸52条1項）。

イ　準正嫡出子出生届出（戸籍法第62条の出生届出）の場合

　戸籍法第62条の嫡出子出生届出の場合は，「【届出人】父」，「【届出人】

15

第2章 出　生

父母」の2通りあります。父からの任意認知の届出を兼ねていますので「【届出人】母」となることはありません。同条では，届出人は「父母」とされていますが，母子関係は分娩の事実によって発生するため（最判昭和37・4・27民集16巻7号1247頁），認知の必要は無く，父母共同で届出をする必要はありません。実際には「【届出人】父」とする記録がほとんどです。

ウ　嫡出でない子の出生届出の場合

嫡出でない子の場合は，原則として「【届出人】母」の1通りとなります。

ただし，父が母子と同居しており（住民票上同住所であることを審査の上），その父が同居者の資格で出生届出をするとともに，任意認知の届出を同時にし，認知届書のその他欄に，出生届の届出人の資格を父と更正されたい旨の記載がなされて届出された場合は，「【届出人】父」と記録します（昭和50・2・13民二747号回答）。

5　特記事項の記録から嫡出性の排除について読み解く

| 事例5 | 離婚後300日以内に出生した子につき，懐胎時期に関する証明書を添付して届出した出生事項の記録 |

(1)　戸籍の記載例

ア　コンピュータ戸籍の記載例

| 出　　生 | 【出生日】平成25年3月15日
【出生地】東京都豊島区
【届出日】平成25年3月28日
【届出人】母
【特記事項】民法第772条の推定が及ばない |

※　入力は，審査結果の画面で行います。
※　戸籍法第62条の場合は，【届出人】は，父又は父母となります。

イ　紙戸籍の記載例

平成弐拾五年参月拾五日東京都豊島区で出生同月弐拾八日母届出（**民**

16

第2章　出　　生

法第七百七十二条の推定が及ばない）入籍㊞

(2)　インデックス【特記事項】から読み解くべき事項について

ア　裁判によらない取扱いであること

　　母が子を懐胎した時期が離婚成立の翌日以降の場合は，民法第772条の嫡出推定は働かないとの考え方から，医師による「懐胎時期に関する証明書」の添付があれば，嫡出性を排除する判決（審判）を得ることなく，母の嫡出でない子又は後夫との嫡出子としての出生届出を受理する取扱いとされています。

　　平成19年5月7日民一第1007号通達による取扱いです。

イ　母の戸籍に入れること

　　子は母の離婚後に出生していますので，嫡出でない子としての出生届出では，出生当時である母の離婚後の戸籍に入籍することになります（民790条2項，戸18条2項後段）。後夫との嫡出子出生届出の場合は，戸籍法第62条の場合も含め，父母の戸籍（＝母の再婚後の戸籍）に入籍できることになりますから，いずれにしても，母と同籍できることになります。

ウ　懐胎時期に関する証明書の添付を要すること

　　出生証明書のほかに，別途，医師が作成した「懐胎時期に関する証明書」の添付が必要です。この場合の医師は，出産に立ち会った医師とは限りません。最初に懐胎を診立てた医師が作成するものです。

　　なお，「懐胎時期に関する証明書」を得ることができない場合は，従来の取扱いどおり嫡出性を排除する裁判を確定させる必要があります。

　　上記1007号通達は，離婚成立後の懐胎であれば，夫婦関係に無い状態での懐胎であるから，離婚後300日以内に出生したとしても，離婚した夫の推定が及ばない子であることが明らかであるとの考え方から，発出されたものです。

エ　父未定の子の場合も対象となること

　　離婚した前夫と，再婚した後夫の両方の嫡出推定が及ぶ（を受ける）場合は，父未定の子となります。父未定の子について，上記通達は直接触れていませんが，「懐胎時期に関する証明書」を添付して後夫との嫡

17

第2章 出　生

出子とする出生届出があった場合は，これを受理します（必然的に後夫が父と定まる。）。父未定の子も上記通達の射程内であるとされています（戸籍誌801号87頁〜90頁参照）。

オ　特記事項は移記を要しないこと

　本事例の【特記事項】については，転籍，婚姻等による入籍戸籍又は新戸籍に出生事項を移記する際には移記を要しません。嫡出否認や親子関係不存在確認の裁判と同様の考え方です（14頁参照）。

6 特記事項の記録から離婚後の母の戸籍に直ちに入籍した経緯を読み解く

| 事例6 | 父母婚姻中の子について，父との親子関係不存在確認の裁判書の謄本とともに，母の氏に変更する許可審判書を添付して届出した出生事項の記録 |

(1) **戸籍の記載例**

ア　コンピュータ戸籍の記載例

（離婚後の母の戸籍）

本　　籍	神奈川県横浜市中区本町一丁目8番地
氏　　名	乙野　梅子
戸籍事項 　戸籍編製	【編製日】平成25年5月15日
戸籍に記録されている者	【名】梅子 【生年月日】昭和62年5月1日 【父】乙野忠治 【母】乙野春子 【続柄】二女
身分事項 　出　　生 　離　　婚	（出生事項省略） 【離婚日】平成25年5月10日 【配偶者氏名】甲野義太郎 【送付を受けた日】平成25年5月15日

18

第2章　出　　生

	【受理者】東京都豊島区長 【従前戸籍】東京都豊島区東池袋一丁目８００番地　甲野義太郎
戸籍に記録されている者	【名】桃子 【生年月日】平成２５年３月１５日 【父】 【母】乙野梅子 【続柄】長女　→　嫡出でない子としての続柄です。
身分事項 　　　出　　生	【出生日】平成２５年３月１５日 【出生地】東京都豊島区 【届出日】平成２５年１１月１１日 【届出人】母 【特記事項】平成２５年１０月２０日甲野義太郎との親子関係 　　　不存在確認の裁判確定，平成２５年１１月１１日母の氏を 　　　称する入籍届出

※　入力は，審査結果の画面で行います。

イ　紙戸籍の記載例

　　平成弐拾五年参月拾五日東京都豊島区で出生同年拾壱月拾壱日母届出

（平成弐拾五年拾月弐拾日甲野義太郎との親子関係不存在確認の裁判確
定同年拾壱月拾壱日母の氏を称する入籍届出）入籍㊞

(2)　**インデックス【特記事項】から読み解くべき事項について**

ア　出生の届出で直ちに母の戸籍に入籍できること

　　婚姻中に出生した子でも，父母の氏（＝父の氏）を称することなく，直ちに離婚後の母の戸籍に入籍できます。

　　婚姻中に出生した子について，出生届出未了の状態で，母の前夫との親子関係不存在確認の裁判が確定した場合は，さらに，母の氏に変更する旨の許可の審判書を添付すれば，出生届出によって直ちに離婚後の母の戸籍に入籍することができる取扱いとしているのです（昭和46・2・17民事甲567号回答参照）。

イ　民法第791条第１項の許可を得ていること

　　出生届出には，親子関係不存在確認の判決（審判）書の謄本と確定証明書を添付させることは当然ですが，母の氏に変更する旨の許可の審判書謄本の添付が必要です。添付がない場合は，母の戸籍には直ちに入籍

19

第2章 出　生

できません。
ウ　戸籍法第98条の入籍の届出は必要ないこと
　　本来は，一旦母の前夫の戸籍に入籍（子の出生当時，母は婚姻中で夫の戸籍に在籍していますから）しますが，あらかじめ母の氏に変更する旨の許可の審判を得れば，入籍届出を省略し，直ちに出生届出によって母の戸籍へ入籍させる取扱いが上記567号回答により認められています。
　　出生届書の「その他」の欄に，『出生子は母の氏を称し母の戸籍に入籍する』旨の記載があるかを審査します。
　　出生の届出で同時に入籍の届出をしたとみなしますから，特記事項の「平成25年11月11日」の日付は，出生届出の日です。
エ　特記事項は移記を要しないこと
　　本事例の【特記事項】も移記を要しないのは，事例5（16頁）と同じです。

入籍日から受理照会した出生届出であったことを読み解く（その1）

| 事例7 | 届出当時，子が学齢に達した年齢である出生届出の出生事項の記録 |

(1)　**戸籍の記載例**

ア　コンピュータ戸籍の記載例

（出生届出で子が入籍した戸籍中，子の身分事項欄）

| 出　　生 | 【出生日】平成１９年６月１５日
【出生地】東京都豊島区
【届出日】平成２５年６月２８日
【届出人】父
【入籍日】平成２５年７月３１日 |

イ　紙戸籍の記載例

　　平成拾九年六月拾五日東京都豊島区で出生平成弐拾五年六月弐拾八日父届出**同年七月参拾壱日入籍**㊞

20

第2章 出　　生

(2) インデックス【入籍日】から読み解くべき事項について
ア　直ちに受理できない出生届出であったこと
　　本事例は，子の出生事項から入籍日を記録した事由が判断できます。【出生日】と【届出日】の年月日を対比すれば容易に判断できるということです。
　　子は，出生届出の時点で満6歳に達しています。つまり，6年間出生の届出が無かったことになります。満6歳は，学齢（学校教育法17条1項の小学校入学年齢）に達した子になります。そのため，父母（又は母）の子であるか否か，その信憑性に疑義が生ずることとなり，事実関係を調査する必要があることから，管轄法務局へ受理照会した出生届出であったと読み解くのです。この取扱いは，昭和34年8月27日民事甲第1545号通達によるものです。
　　【入籍日】は，管轄法務局からの指示書が到着した日です。
イ　入籍日は移記を要しないこと
　　本事例の【入籍日】については，転籍，婚姻等による入籍戸籍又は新戸籍に出生事項を移記する際には移記を要しません（戸籍誌610号70頁参照）。

　入籍日から受理照会した出生届出であったことを読み解く（その2）

| 事例8 | 父母双方が無国籍者として届出された出生事項の記録 |

(1) 戸籍の記載例
ア　コンピュータ戸籍の記載例
（出生届出で編製した子の新戸籍）

本　　籍	東京都豊島区東池袋一丁目800番地	
氏　　名	甲野　桃子	子について新戸籍編製！

21

第2章 出　生

戸籍事項 　　戸籍編製	【編製日】平成２６年９月１０日	
戸籍に記録されている者	【名】桃子 【生年月日】平成２６年８月８日 【父】マックイン，リチャード 【母】マックイン，メアリー 【続柄】長女	｝外国籍者同様，原則 　カタカナ表記！
身分事項 　　出　　生	【出生日】平成２６年８月８日 【出生地】東京都豊島区 【父の国籍】無国籍 【父の生年月日】西暦１９８０年９月９日 【母の国籍】無国籍 【母の生年月日】西暦１９８２年１２月１２日 【届出日】平成２６年８月２０日 【届出人】父 【入籍日】平成２６年９月１０日	通常にな い記録！

イ　紙戸籍の記載例（子の身分事項欄）

　　平成弐拾六年八月八日東京都豊島区で出生（**父無国籍**西暦千九百八拾年九月九日生**母無国籍**西暦千九百八拾弐年拾弐月拾弐日生）同月弐拾日父届出**同年九月拾日入籍**㊞

⑵　**インデックス【父の国籍】【母の国籍】【入籍日】から読み解くべき事項**

ア　直ちに受理できない出生届出であったこと

　　本事例の子は，嫡出子ですが，父母双方とも国籍が無国籍（嫡出でない子の場合は母の国籍が無国籍）との記録になっています。何らかの事由により，二人ともどの国の国籍も有していないということです。つまり，出生届書の⑹「本籍」欄に，「父母の国籍　無国籍」と記載し，さらに無国籍者であることの疎明資料（外国人住民票，無国籍者である旨の申述書等）を添付して，届出されたものです。

　　出生による国籍取得の要件を定めた国籍法第２条の第３号は，「日本で生まれた場合において，父母がともに知れないとき，**又は国籍を有しないとき。**」として，出生子が日本国民となる要件を規定しています。

　　父母がともに国籍を有しないときは，子は日本国籍を取得するということです。届出の際には，届書のその他欄に「出生子は，父母がともに

第2章 出　生

国籍を有しないため，国籍法2条3号により日本国籍を取得し，氏を『甲野』と定め，東京都豊島区東池袋一丁目800番地に新戸籍を編製する。」旨の記載をして届出したのです。

　しかし，住民票等において「無国籍」と表示されている者の中には，本来ある国の国籍を有しながら，外国人住民制度上，その国籍を有することを証明できないために「無国籍」と登録されているに過ぎないものがあることから，事務処理の正確を期するため，管轄法務局へ受理照会することとされています（昭和57・7・6民二4265号通達）。本事例は，管轄法務局の調査において，父母がともに無国籍者と認定されたため，その指示により，出生届出による子の新戸籍編製と出生事項の記録ができたのです。

　以上のことを，本事例の記載例から読み解きます。一般的な日本人の出生子には，通常【父の国籍】や【父の生年月日】の記録はありません。ごく限られた場合の記載例ですから，是非覚えましょう。

イ　入籍日は移記を要しないこと

　本事例の【入籍日】についても，**事例7**（20頁）と同じく移記を要しません。

⑨　入籍日から受理照会した出生届出であったことを読み解く（その3）

事例9	子の出生当時，母が満50歳以上である出生届出の出生事項の記録（平成26年7月3日民一737号通達発出前の事例）〔注〕

〔注〕　母が50歳に達した後に出生した子として届けられた出生届については，その子を出生した施設が医療法（昭和23年法律第205号）第1条の5第1項に規定する病院（歯科医師が歯科医業を行う場所であるものを除く。）であることを，添付の出生証明書によって確認できるときは，管轄法務局長等に照会することなく受理して差し支えないこととされている（前掲通達参照）。

23

第2章 出　　生

(1)　戸籍の記載例

ア　コンピュータ戸籍の記載例

（出生届出によって子が入籍した戸籍）

本　　籍	東京都豊島区東池袋一丁目８００番地
氏　　名	甲野　義太郎
戸籍事項 　　戸籍編製	【編製日】平成２０年８月８日
戸籍に記録されている者	【名】義太郎 【生年月日】昭和３５年８月１日　　　　【配偶者区分】夫 （以下省略）
戸籍に記録されている者	【名】梅子 【生年月日】昭和３７年５月１日　　　　【配偶者区分】妻 （以下省略）
戸籍に記録されている者	【名】桃子 【生年月日】平成２５年６月１５日 【父】甲野義太郎 【母】甲野梅子 【続柄】長女
身分事項 　　出　　生	【出生日】平成２５年６月１５日 【出生地】東京都豊島区 【届出日】平成２５年６月２８日 【届出人】父 【入籍日】平成２５年７月３１日

イ　紙戸籍の記載例

　　平成弐拾五年六月拾五日東京都豊島区で出生同月弐拾八日父届出同年

　七月参拾壱日入籍㊞

(2)　インデックス【入籍日】から読み解くべき事項について

ア　直ちに受理できない出生届出であったこと

　　嫡出子の出生届出を父が14日以内にしているにもかかわらず，【入籍

第2章　出　生

日】が記録されています。これは，届出を直ちに受理できなかったこと
によるものです。それを判断するには，母の記録も見なければなりませ
ん。つまり，子の出生年月日（出生日）と母の生年月日から，子が出生
した当時，母が50歳以上の年齢に達していたことを読み取ります（本事
例は満51歳です。）。

　虚偽による出生届出の受理を防止する観点から，50歳以上の者を母と
する子の出生届出については，昭和36年9月5日民事甲第2008号通達に
より，管轄法務局へ受理照会することとなっているためです。市区町村
長は，戸籍届出の審査に当たっては，実質的審査権がないため，管轄法
務局において，出生の事実関係を調査の上，受否を決定することとされ
ているのです。このことから，本事例は，管轄法務局の調査の結果，受
理して差し支えないとの指示により，出生届出による子の入籍記録をし
たものと読み解きます。【入籍日】は，管轄法務局からの指示書が到着
した日です。

　戸籍システムにおいては，受理指示の画面から入力しますが，処理日
の欄に指示書の到着日を入力することで，インデックス【入籍日】が記
録されます（前記**事例7**（20頁）と**事例8**（21頁）の場合も同じ。）。出生
事項の最後を【入籍日】と記録するのは，届出の受理決定により戸籍に
入る（戸籍に記録されている者の欄に名が入る）ことが可能となったこと
から，【入籍日】となるのです。紙戸籍の〜年月日入籍㊞に合わせてい
るのです。【記録日】と考えがちですが，【記録日】とするのは，基本事
項を職権で記録する場合や，遺漏している記録の全部又は一部を後から
記録する場合に使用します。紙戸籍の〜年月日記載㊞に合わせているの
です。いずれにしても，間違えないように留意が必要です。

　なお，今後は，医療法に規定する病院（20人以上の患者を入院させるた
めの施設を有するもので，歯科医師が歯科医業を行う場所は除く。）で出生し，
それが出生証明書で確認できれば，特段の疑義がない限り，管轄法務局
への受理照会は要しないこととなりました（平成26・7・3民一737号通
達）ので，ご注意ください。

25

第2章　出　　生

イ　入籍日は移記を要しないこと

　本事例の【入籍日】についても**事例7**（20頁）と同じく移記を要しません。

⑩ 出生事項の記録から父の本国が事実主義の法制であることを読み解く

事例10	父の申述書及び国籍を証する書面を添付して，母から届出された嫡出でない子の出生事項の記録

⑴　戸籍の記載例

ア　コンピュータ戸籍の記載例

（出生届出で子が入籍した戸籍）

本　　籍	東京都豊島区東池袋一丁目８００番地
氏　　名	甲野　梅子
戸籍事項 　戸籍編製	【編製日】平成２６年１１月２５日
戸籍に記録されている者	【名】梅子 【生年月日】昭和６０年５月１日 （以下省略）
戸籍に記録されている者	【名】桃子 【生年月日】平成２６年１１月１５日 【父】張邦劉 【母】甲野梅子 【続柄】長女　　　　　　　嫡出でない子としての続柄！
身分事項 　　出　　生	【出生日】平成２６年１１月１５日 【出生地】東京都豊島区 【父の国籍】中国 【父の生年月日】西暦１９８０年３月３日 【届出日】平成２６年１１月２５日 【届出人】母

26

第2章　出　　生

イ　紙戸籍の記載例（子の身分事項欄）

平成弐拾六年拾壱月拾五日東京都豊島区で出生（**父国籍中国西暦千九百八拾年参月参日生**）同月弐拾五日母届出入籍㊞

(2)　**インデックス【父】【父の国籍】【父の生年月日】から読み解くべき事項**

ア　父子関係の成立が事実主義の法制であること

一般的な嫡出でない子の戸籍には，【父】欄が空欄で，出生事項の【父の国籍】と【父の生年月日】の記録はありません。

本事例におけるこれらの記録は，出生届出で記録したものです。出生届書の父欄に父の氏名の記載があり，その他欄に「父の本国法が事実主義の法制であるため，父の国籍を証する書面と申述書を添付します。」旨の記載をして，母から出生届出がなされたのです。

認知の記録が無いにもかかわらず，父欄に氏名が記録されていること，出生事項に父の国籍が記録されていることに注目します。

出生子は，嫡出でない子に限られます。法の適用に関する通則法第29条第1項は，その前段で「嫡出でない子の親子関係の成立は，父との間の親子関係については子の出生の当時における父の本国法によ」ると規定していますので，本事例の父・張邦劉と子・甲野桃子との親子関係は，父の本国法である中華人民共和国法によって成立させることができるということです。

中華人民共和国法には認知の規定がなく，そのため，嫡出でない子（同国法上は婚生でない子）と血縁上の父との関係は，父母の供述等で父子関係が認定されるため，事実主義の法制が採られているとされています（岩井伸晃『中国家族法と関係諸制度』（テイハン）87頁参照）。

なお，国籍が中国でも，台湾は認知制度のある国です（中華民国民法1065条以下）から，間違えないよう留意が必要です。

日本の民法には，事実主義による父子関係の考え方がありませんので，少し難しいと思いますが，以上のことを読み解く必要があります。

イ　認知届出を待つことはないこと

上記アの出生届書の取扱いは，平成元年10月2日民二第3900号通達第

27

第2章 出　生

3の2⑵アによります。この取扱いの考え方もしっかり押さえましょう。

　なお，同通達では，父の本国法上事実主義が採用されている旨の証明書の提出も求めていますが，本事例の場合は，日本側として中国の法制を知っており，アで紹介した文献もあることから，その提出（添付）を省略できます。

　事実主義の法制とは，嫡出でない子と父及び母との親子関係については認知の届出を待つことなく，客観的に血縁関係が存在していれば法律上の親子と認めるとする法制のことなのです。

　したがって，事実主義の法制を採る国の国籍を持つ父からの認知届出は，これを要しないということです（次の**事例11**の⑶の場合を除きます。）。大陸中国以外で，事実主義の法制を採る主な国は，次のとおりです。

　　　　　　↓

❶　フィリピン共和国　　→　フィリピン家族法第163条参照。
❷　ニュージーランド　　→　昭和52年10月6日民二第5118号回答参照。
❸　英国　　　　　　　　→　戸籍誌463号70頁〜72頁参照。

　これらの国についても，事実主義が採用されている旨の証明書を省略できます。

（注）　本事例における中国人父の認知との関係については，後述11の⑶を参照。

追完事項の記録から父の本国が事実主義の法制であることを読み解く

事例11　出生届出後，子の戸籍に父の氏名及び国籍を記載する旨の追完届出をした出生事項及び追完事項の記録

⑴　戸籍の記載例
ア　コンピュータ戸籍の記載例
（追完届出後の子の戸籍）

本　　籍	東京都豊島区東池袋一丁目８００番地

28

第2章 出 生

氏　　名	甲野　梅子
戸籍事項 　　戸籍編製	【編製日】平成２６年１１月２５日
戸籍に記録されている者	【名】梅子 【生年月日】昭和６０年５月１日 （以下省略）
戸籍に記録されている者	【名】桃子 【生年月日】平成２６年１１月１５日 【父】張邦劉　　　　　　　　　　　　追完で記録！ 【母】甲野梅子 【続柄】長女
身分事項 　　出　　生	【出生日】平成２６年１１月１５日 【出生地】東京都豊島区 【父の国籍】中国 【父の生年月日】西暦１９８０年３月３日　　　追完で記録！ 【届出日】平成２６年１１月２５日 【届出人】母
追　　完　❶	【追完日】平成２６年１２月１２日 【追完の内容】父の国籍，生年月日 【届出人】母 【記録の内容】 　　【父の国籍】中国　　　　　　　　　追完で記録し 　　【父の生年月日】西暦１９８０年３月３日　たことを表示
追　　完　❷	【追完日】平成２６年１２月１２日 【追完の内容】父の氏名 【届出人】母 【記録の内容】 　　【父】張邦劉　　追完で記録したことを表示

イ　紙戸籍の記載例（子の身分事項欄　→　出生事項の次の行から記載）

　　平成弐拾六年拾弐月拾弐日父（国籍中国西暦千九百八拾年参月参日
　生）の氏名追完母届出㊞

(2)　**タイトル追完❶と追完❷から読み解くべき事項**

ア　事実主義の場合は，後日追完届出で父の氏名と国籍の記録ができるこ
　と

　　出生届出後に，子の父は事実主義国の国籍を持つ者であるとして，出

29

第2章　出　　生

生届出の届出人である母から，「出生届書に父の氏名，生年月日，子が生まれたときの年齢及び国籍をそれぞれ記載する。」旨の追完届出がなされたことによる記録であると読み解きます。

追完❶は，段落ちタイトルといいます（4頁参照）。直上の出生事項（身分事項）の一部を訂正又は追加記載した場合に表示させるものです。コンピュータ戸籍の場合は，朱線を引いたり，括弧‖書での記録ができないため，どの部分を訂正又は記録したかをインデックスで表示することにしています。それが【記録の内容】で，その具体的な内容を2文字右にずらして直下に表示するのです。これで，出生事項に，後から追完届出で父の国籍と生年月日（父を特定するため生年月日も記録）を記録したと読み解きます。

追完❷は，基本タイトルですが，届出の種類を表すとともに，身分事項以外の事項を訂正又は記録した場合に表示します。追完届出で子の父欄に氏名を記録しましたので，インデックス【記録の内容】で，父欄に氏名を記録したことを表示します。これも併せて読み解きます。

追完の届出は，戸籍法第45条が根拠であり，本来は戸籍の記載前に届書の不備を是正するものですが，未だ戸籍に記載がなされていない部分に関しても，先例等により，これを追完届出で記載することが認められているものがあります（大正4・7・7民1008号回答参照。本事例は，平成元・10・2民二3900号通達第3の2(2)イを参照）。

イ　タイトル追完の部分は移記を要しないこと

本事例の追完❶及び追完❷については，転籍，婚姻等による入籍戸籍又は新戸籍には移記を要しません。追完後の出生事項をそのまま移記するだけとなります（『改訂第2版注解コンピュータ記載例対照戸籍記載例集』34頁【56】の注②参照）。また，紙戸籍は，次のように移記します（出生事項に括弧書が加わるだけ）。

「平成弐拾六年拾壱月拾五日東京都豊島区で出生（父国籍中国西暦千九百八拾年参月参日生）同月弐拾五日母届出入籍㊞」

(3)　認知届出があった場合は受理できること

追完届出によらず，認知届出があった場合はどう取り扱うか気になる

30

第2章 出 生

ところです。法の適用に関する通則法第29条第2項によれば，その前段
で「子の認知は，前項前段の規定により適用すべき法によるほか，認知
の当時における認知する者又は子の本国法による。」と規定し，認知届
出当時の子の本国法を適用して父子関係を成立させることができるとし
ているのです（平成元・10・2民二3900号通達第4の1(1)）。

　本事例の子は日本人です。したがって，認知届出当時も日本人であれ
ば，事実主義の法制を採る国の国籍を持つ父からの認知届出は，これを
受理することができるということになります。併せて覚えましょう。

第3章 認　知

第3章

認　　知

① 記録の内容から任意認知について理解する

民法第779条によれば，嫡出でない子は，その父又は母がこれを認知することができるとしています。出生の各論で子の嫡出性について考えてみましたが，認知できる子は嫡出でない子に限られる（嫡出子を認知することはできない）ということです。

しかし，母と子との関係は，分娩の事実によって明白であり，子の出生によって当然に発生するとの考え方から，嫡出でない子に対し母から認知届出があったとしても，これを受理することはしない取扱い（出生証明書に母の氏名欄がありますが，この欄に出産に立ち会った医師や助産師が証明すれば，それで母子関係が判断できるとの考え方のため）です。

したがって，ここでは，認知とはもっぱら父と子との親子関係の形成を対象とするものとして整理していきたいと思います。

| 事例1 | 子の本籍地で父がした任意認知の届出による認知事項の記録 |

⑴ 戸籍の記載例

ア　コンピュータ戸籍の記載例

（認知された子（被認知者）の身分事項欄）

```
認　　知      【認知日】平成２６年３月３０日        → ❶
             【認知者氏名】甲野義太郎              → ❸
             【認知者の戸籍】東京都北区滝野川九丁目１０
                番　甲野義一    → ❷
                ↓
             ※コンピュータ戸籍では，本籍と筆頭者氏名
               の間に一文字分のスペースを空けます。
```

32

第3章　認　　知

（認知した父（認知者）の身分事項欄）

認　　知	【認知日】平成２６年３月３０日	→ ❶
	【認知した子の氏名】乙川武雄	→ ❸
	【認知した子の戸籍】東京都豊島区池袋八丁目	
	８０番地　乙川竹子	→ ❷
	【送付を受けた日】平成２６年４月５日	→ ❹
	【受理者】東京都豊島区長	→ ❺

イ　紙戸籍の記載例

（認知された子（被認知者）の身分事項欄）

　平成弐拾六年参月参拾日東京都北区滝野川九丁目十番甲野義一同籍義太郎認知届出㊞

（認知した父（認知者）の身分事項欄）

　平成弐拾六年参月参拾日東京都豊島区池袋八丁目八十番地乙川竹子同籍武雄を認知届出同年四月五日同区長から送付㊞

(2)　本記載例のポイント

ア　記載（記録）の順序

　　コンピュータ戸籍では❷と❸の順序が逆になっています。これは，認知届出では戸籍の変動がない（子は父の戸籍に入籍しない）ことから，紙戸籍の記載は，子と父の戸籍を特定した後でそれぞれの氏名を記載していますが，コンピュータ戸籍では項目ごとにインデックス化しましたので，先に（前に）子や父の氏名を記録し当事者を特定させるとする考え方によるものです。

　　ちなみに，紙戸籍の記載例の順序で記録すると，

認　　知	【認知日】平成２６年３月３０日	→ ❶
	【認知者の戸籍】東京都北区滝野川九丁目１０	→ ❷
	番　甲野義一	
	【認知者氏名】甲野義太郎	→ ❸

となりますが，少し見にくいかと思われます。また，父が甲野義一なのか，義太郎なのか，多少迷われるかもしれません。

イ　認知の種類と性質

　　認知には，その種類として，「任意認知」と「裁判認知」があります。

33

第3章 認　知

　　任意認知には父が生存中に行う「生前認知」（民781条1項）と，父が遺
　言により行う「遺言認知」（民781条2項）があります。認知の種類と性
　質をまとめると，次のとおりです。

認知の種類		届出の性質	効力発生日	胎児認知
任意認知	生前認知（民781条1項）	創設的届出	届出が受理されたとき	胎児認知の場合は，子が出生したときに効力が発生する。
	遺言認知（民781条2項）	報告的届出	遺言者（父）が死亡したとき	
裁判認知	生前認知（民787条本文）	報告的届出	裁判確定日	裁判による胎児認知は認められていない（胎児は生まれていないため原告になれない）。
	死後認知（民787条但書）	報告的届出	裁判確定日	

　　父が生存中に行う任意認知は，届出をし，かつ受理されて初めて効力
　が発生することから，創設的な性質を持つ届出ということになります。
ウ　任意認知では【届出日】及び【届出人】は記録されない
　　出生届においては，【届出日】及び【届出人】が記録されますが，本
　事例の認知届においては，これらの事項は記録されていません。これは
　なぜかと思われるかもしれません。
　　上記イで述べましたように，本事例のような創設的な認知届において
　は，届出をすることによりその効力が発生します。そのため，「認知日」
　と「届出日」は必ず一致することになりますので，【認知日】の記録が
　あれば「届出日」も自ずと分かることになります。また，任意認知の場
　合は，父からの届出で成立することから，届出人を明記しなくても，必
　然的に認知者が届出をしたものと簡単に読み解けるのです（戸規30条2
　号参照）。
　　以上のことから，任意認知届においては，事件本人である子に対して
　も【届出日】【届出人】は記録しないのです。

34

第3章 認　知

2 記録の内容から裁判認知について理解する

事例2 子の本籍地で母が届出した裁判認知による認知事項の記録

(1) 戸籍の記載例
ア　コンピュータ戸籍の記載例
　（子の身分事項欄）

　　認　　知　　【認知の裁判確定日】平成26年3月30日
　　　　　　　　【認知者氏名】甲野義太郎
　　　　　　　　【認知者の戸籍】東京都北区滝野川九丁目10番　甲野義一
　　　　　　　　【届出日】平成26年4月8日
　　　　　　　　【届出人】親権者母

　（父の身分事項欄）

　　認　　知　　【認知の裁判確定日】平成26年3月30日
　　　　　　　　【認知した子の氏名】乙川武雄
　　　　　　　　【認知した子の戸籍】東京都豊島区池袋八丁目80番地　乙川
　　　　　　　　　竹子
　　　　　　　　【届出日】平成26年4月8日
　　　　　　　　【届出人】親権者母
　　　　　　　　【送付を受けた日】平成26年4月10日
　　　　　　　　【受理者】東京都豊島区長

イ　紙戸籍の記載例
　（子の身分事項欄）
　　平成弐拾六年参月参拾日東京都北区滝野川九丁目十番甲野義一同籍義太郎認知の裁判確定同年四月八日親権者母届出㊞
　（父の身分事項欄）
　　平成弐拾六年参月参拾日東京都豊島区池袋八丁目八十番地乙川竹子同籍武雄を認知の裁判確定同年四月八日親権者母届出同月拾日同区長から送付㊞

(2) **本記載例のポイント**
ア　届出の性質
　　記録の順序については，任意認知と同じなので省略します。ここでは

35

第3章 認　知

届出の性質について整理してみたいと思います。

　裁判認知は，審判や判決という形で司法の場において，すでに父と子の関係を成立させていることから，報告的な性質の届出です。戸籍法第63条によれば，認知の裁判が確定した日から10日以内に届出することを義務付けています。そのため裁判認知の場合は，【認知の裁判確定日】と【届出日】，そして【届出人】をインデックス化し，それぞれに記録します。

イ　【届出人】親権者母について

　認知の裁判は，父が任意認知に応じてくれない等の事由から，子が訴える裁判です。しかし，子が15歳未満の場合は，子に意思能力がないものとして（民797条参照），法定代理人が代わって裁判を提起します（民787条）。本事例では，子の親権者である母が法定代理人として認知の裁判を提起し，その確定の日から10日以内に届出したものです。なお，届出人としての資格は「母」のみの記録では足りず，法定代理人であることを明示するため「親権者母」と記録することになります（戸規30条2号，法定記載例17・18）。

③ 記録の内容から遺言認知について理解する

事例3　子の本籍地で遺言執行者が届出した遺言認知による認知事項の記録

(1)　戸籍の記載例

ア　コンピュータ戸籍の記載例

（子の身分事項欄）

```
認　　知    【認知日】平成２６年３月３０日           → ❶
            【認知者氏名】亡　甲野義太郎             → ❷
            【認知者の戸籍】東京都北区滝野川九丁目１０
                          番　甲野義一
            【届出日】平成２６年４月８日             → ❸
            【届出人】遺言執行者　丙原仁助           → ❹
```

第3章　認　知

（父の身分事項欄）→**死亡事項の後に記録することとなる。**

認　　知	【認知日】平成２６年３月３０日 【認知した子の氏名】乙川武雄 【認知した子の戸籍】東京都豊島区池袋八丁目 　　８０番地　乙川竹子 【届出日】平成２６年４月８日 【届出人】遺言執行者　丙原仁助 【送付を受けた日】平成２６年４月１０日 【受理者】東京都豊島区長

イ　紙戸籍の記載例

（子の身分事項欄）

　❶平成弐拾六年参月参拾日東京都北区滝野川九丁目十番甲野義一同籍亡❷
義太郎認知❸同年四月八日遺言執行者丙原仁助届出❹㊞

（父の身分事項欄）→**死亡事項の後に記載することとなる。**

　平成弐拾六年参月参拾日東京都豊島区池袋八丁目八十番地乙川竹子同
籍武雄を認知同年四月八日遺言執行者丙原仁助届出同月拾日同区長から
送付㊞

⑵　**本記載例のポイント**

ア　記載（記録）から遺言認知の性質を読み解く

　遺言認知は，子の父が生前に，自分が死亡した後にその子を認知する
との意思表示を公正証書等でしておくことから，死亡日にその効力が発
生します（民985条１項）。よって，❶は父の死亡日を記録することにな
るのです。

　父（遺言者）が死亡してからの認知なので，【認知者】の氏名の前に
亡を記録します❷。

　父本人が認知するとの意思表示があるとの点から考えれば，創設的な
届出ではないかと思われがちですが，死亡日に認知の効力が発生します
ので，報告的届出ということになります。

　認知の届出については，認知したのは父（遺言者）ですが，父は死亡
して自ら届出することはできませんから，遺言書で定めた遺言執行者が
届出することになります（戸64条）。それを記載（記録）したのが❸と❹
です。

37

第3章 認　知

父の戸籍への記録は，本人は届出人でもなく，かつ死亡しているため，戸籍システムでは審査結果の画面で行います。
イ　遺言執行者であるかどうかの審査方法
　遺言書については，どのような方式で作成するかは遺言者（父）によって異なると思いますが，当区における実例を紹介すると，公証人役場において公証人による遺言公正証書（謄本）を添付した認知の届出がありました。
　遺言公正証書の中で，遺言者（父）が遺言執行者を指定しておりましたので，この部分で届書の審査がスムーズにでき，そして戸籍の記録ができました。
　遺言公正証書の中で，遺言執行者について指定していない場合は，これのみでは審査ができません。この場合は，家庭裁判所で遺言執行者を選任してもらった上で（民1010条，家事209条・別表第一の104項），報告的認知届出をしてもらうことになります（戸64条）。よって，遺言書の謄本と，遺言執行者選任の審判書をもって，遺言認知と遺言執行者を審査することになります。
　遺言認知はめったにない届出でありますが，いざというときに慌てないようにしておくためにも，是非覚えておいてほしい届出です。

記録の内容から胎児認知について理解する

事例4　母の本籍地で届出した胎児認知による認知事項の記録

(1)　戸籍の記載例
ア　コンピュータ戸籍の記載例
（子の身分事項欄）

```
出　　生    【出生日】平成２７年７月７日
  ❷        【出生地】東京都豊島区
            【届出日】平成２７年７月１５日
            【届出人】母
```

38

第3章 認　知

| 認　知 ❶ | 【胎児認知日】平成２６年１２月１２日
【認知者氏名】甲野義太郎
【認知者の戸籍】東京都千代田区平河町一丁目１００番地　甲野義太郎 |

（父の身分事項欄）

| 認　知 | 【胎児認知日】平成２６年１２月１２日
【認知した子の氏名】乙川武雄
【認知した子の戸籍】東京都豊島区池袋八丁目８０番地　乙川竹子
【送付を受けた日】平成２７年７月２０日
【受理者】東京都豊島区長 |

イ　紙戸籍の記載例

（子の身分事項欄）

❷平成弐拾七年七月七日東京都豊島区で出生同月拾五日母届出入籍㊞

❶平成弐拾六年拾弐月拾弐日東京都千代田区平河町一丁目百番地甲野義太郎胎児認知届出㊞

（父の身分事項欄）

平成弐拾六年拾弐月拾弐日東京都豊島区池袋八丁目八十番地乙川竹子同籍武雄を胎児認知届出平成弐拾七年七月弐拾日同区長から送付㊞

(2)　**本記載例のポイント**

ア　記載（記録）から胎児認知の性質を読み解く

　　胎児認知は，生まれる前の母の胎内にある子を父が認知することですが，届出に際しては，母の承諾（書）が必要です（民783条１項）。子が生まれる前であっても認知はできるということです。

　　戸籍法第61条によれば，胎児認知の届出は，母の本籍地にしなければならないと規定して，届出地を限定しています。これは，後日，子が生まれたときに，出生届出の際に胎児認知の届出を看過しないようにするために限定したものと言われています。出生の届出は，母の本籍地以外でもすることができることから，出生届出の受理地において胎児認知届出の存在を看過したとしても，出生の届書はいずれ母の本籍地（＝子が入籍すべき戸籍の所在地）に送付されてきますから，その際に胎児認知

39

第3章 認　知

届出の存在を発見することができるのです。

　つまり，胎児認知の戸籍への記載（記録）漏れを防ぐために，届出地を限定しているということです。

　本事例の記載（記録）から，胎児認知と出生の双方の届出が母の本籍地になされたと読み解くことができます。

　また，紙戸籍の記載例で，子の身分事項欄の認知事項中認知者（父）の本籍地の後に「同籍」の二文字がありませんが，これは，認知者が戸籍の筆頭者であるからです。

イ　記載（記録）の順序が逆になる

　胎児認知は，子が出生した時に効力が発生します（民784条）から，人の一生の始まりである出生事項❷の後に記載（記録）することになります。

　そのため，届出の順序は，胎児認知の届出が先❶ですが，記載（記録）は後となります。出生届出も母の本籍地にあった場合は，戸籍システムでは，「胎児認知有り」の入力と「胎児認知届の受理番号」を入力することで，本事例の記載（記録）となります。

ウ　胎児認知届出を受理した後の処理

　胎児認知届出を受理した後は，戸籍システムで入力し決裁しますが，戸籍への記録はありません。なお，市区町村では，一般に父の本籍地へ胎児認知の届書謄本を，「備忘的措置」として，送付しています。特に母が外国籍者の場合は，子の国籍に影響があるため，父の本籍地においても胎児認知届出を把握しておいてもらう必要があります（昭和29・3・6民事甲509号回答）。

　平成16年4月1日民一第850号通達で，戸籍事務取扱準則制定標準が，新たに制定され，その第38条で，胎児認知届書の処理についても新設されました。胎児認知届書は，出生の届出又は認知された胎児の死産届出（戸65条）があるまでは「胎児認知に関する届書つづり」として保存・管理する（母の国籍に関係なく）ことになったのです。

　戸籍システムでは，胎児認知届出の決裁をすると，母の戸籍を検索した場合，母の氏名の横に「(胎児)」と表示するようになっています。繰

40

第3章 認 知

り返しになりますが，戸籍システム上においても胎児認知を看過しない
ように措置を施しているのです。

⑤ 訂正事項の記録から婚姻準正について読み解く

　ここからは，①父母の婚姻によって嫡出子の身分を取得した場合，②父
母婚姻後，父からの認知によって嫡出子の身分を取得した場合，③日本人
父からの胎児認知の場合，④父子関係の成立が事実主義の場合，さらに，
⑤婚姻成立後200日以内の子に対する認知の場合の記載例から，読み解く
事項について整理してみることにします。

　民法第789条第1項は，「父が認知した子は，その父母の婚姻によって嫡
出子の身分を取得する。」と規定していますが，この場合を婚姻準正といい
ます。

　また，同条第2項は，「婚姻中父母が認知した子は，その認知の時から，
嫡出子の身分を取得する。」と規定しており，この場合を認知準正といい
ます。

事例5	母が認知者（父）と婚姻したことにより，準正嫡出子となったため，父母との続柄を嫡出子としての続柄に訂正した場合の訂正事項の記録

(1) 戸籍の記載例
ア　コンピュータ戸籍の記載例
（母と同籍していた子の戸籍）

本　　籍	東京都豊島区東池袋八丁目80番地
氏　　名	乙川　竹子
戸籍事項 　　戸籍編製	【編製日】平成25年3月25日
戸籍に記録されている者	【名】竹子

41

第3章　認　知

除　籍	【生年月日】昭和６０年５月１日 【父】乙川一夫 【母】乙川松子 【続柄】長女
身分事項 　　省　　略	（出生事項及び子の出生届出による入籍事項省略）
婚　　姻	【婚姻日】平成２６年５月１０日 【配偶者氏名】甲野義太郎 【新本籍】東京都千代田区平河町一丁目４番地 【称する氏】夫の氏
戸籍に記録されている者	【名】武雄 【生年月日】平成２５年３月１５日 【父】甲野義太郎 【母】乙川竹子 【続柄】長男　　　　　　　　　→嫡出子としての続柄に訂正！
身分事項 　　出　　生	【出生日】平成２５年３月１５日 【出生地】東京都豊島区 【届出日】平成２５年３月２５日 【届出人】母
認　　知	【認知日】平成２６年４月３０日 【認知者氏名】甲野義太郎 【認知者の戸籍】東京都千代田区平河町一丁目４番地　甲野幸雄
訂　　正	【訂正日】平成２６年５月１０日 【訂正事項】父母との続柄 【訂正事由】平成２６年５月１０日父母婚姻届出 【従前の記録】 　　【父母との続柄】長男　　　　　　　→下段に落とす！

イ　紙戸籍の記載例（子の身分事項欄中訂正事項）

　　平成弐拾六年五月拾日父母婚姻届出父母との続柄訂正㊞

↓

　　父母との続柄「長男」に朱線を施し，余白部分に嫡出子としての「長男」

　を記載します（**事例６**（44頁）の場合も同じです。）。

(2)　**タイトルの訂正から読み解くべき事項**

ア　市区町村長限りの職権で訂正できること

　　【訂正日】＝【婚姻日】となっています。母が，子を認知した父との婚

42

姻届出の際に，届書の「その他」欄に『この婚姻届出により次の者は，嫡出子の身分を取得し，父母との続柄を長男と訂正する。氏名：乙川武雄，生年月日：平成25年３月15日，戸籍の表示：妻（母）に同じ。』旨の記載をしたことから，豊島区長が，区長限りの職権で父母との続柄を訂正したものです（昭和33・４・26民事甲837号通達）。

　戸籍システムでは朱線を施すことができません。そのため，訂正前の記録を【従前の記録】として下段に落として記録します。朱線を施すということは，訂正前の記載も読める状態（可視的状態とし塗り潰さない）で訂正しなければならないとの考え方によるものです。

イ　戸籍の記録から嫡出子の身分取得を読み解くべきであること

　嫡出子の身分を取得したことは，子の認知事項と母の婚姻事項から判断できます。【認知者氏名】＝【配偶者氏名】であり，父母との続柄訂正の記録があれば判断できます。また，婚姻届出の審査においては，【認知者の戸籍】＝婚姻届書の夫の本籍欄と同一であることを，しっかり確認する必要があります。

　以上のことから，子の武雄が嫡出子の身分を取得したものと読み解く必要があるのです。戸籍面上，嫡出子の身分を取得したとの記載（記録）は，一切しないのです。

ウ　父母の戸籍に入籍するには家庭裁判所の許可は要しないこと

　子の武雄は，嫡出子となったといっても，直ちに父母の戸籍に入籍できるわけではありません。入籍を希望する場合は，戸籍法第98条による入籍の届出が必要となります（昭和62・10・１民二5000号通達第５の３）。

　子の氏は，「乙川」です。一方，父母の氏は，「甲野」です。子は父母と氏を異にしている状態です。つまり，民法第791条第２項の「父又は母が氏を改めたことにより子が父母と氏を異にする場合には，子は，父母の婚姻中に限り，前項の許可を得ないで，戸籍法の定めるところにより届け出ることによって，その父母の氏を称することができる。」状態になったということです。つまり，子の武雄は，家庭裁判所の許可を得ないで，入籍の届出をすることによって，父母の戸籍に入籍できることを読み解きます。

第3章　認　知

 認知事項の記録から認知準正について読み解く

| 事例6 | 母の婚姻後，父である夫からの認知届出により，準正嫡出子となったため，父母との続柄を嫡出子としての続柄に訂正した認知事項の記録 |

(1) 戸籍の記載例
ア　コンピュータ戸籍の記載例
(母と同籍していた子の戸籍)

本　　籍	東京都豊島区東池袋八丁目80番地
氏　　名	乙川　竹子
戸籍事項 　戸籍編製	【編製日】平成25年3月25日
戸籍に記録されている者 除　籍	【名】竹子 【生年月日】昭和60年5月1日 【父】乙川一夫 【母】乙川松子 【続柄】長女
身分事項 　省　　略 　婚　　姻	(出生事項及び子の出生届出による入籍事項省略) 【婚姻日】平成26年4月30日 【配偶者氏名】甲野義太郎 【新本籍】東京都千代田区平河町一丁目4番地 【称する氏】夫の氏
戸籍に記録されている者	【名】武雄 【生年月日】平成25年3月15日 【父】甲野義太郎 【母】乙川竹子 【続柄】長男　　　　　　　　　→　嫡出子としての続柄に訂正！
身分事項 　出　　生	【出生日】平成25年3月15日 【出生地】東京都豊島区 【届出日】平成25年3月25日

44

第3章　認　知

認　知	【届出人】母
	【認知日】平成２６年５月１０日
	【認知者氏名】甲野義太郎
	【認知者の戸籍】東京都千代田区平河町一丁目４番地　甲野義太郎
	【関連訂正事項】父母との続柄
	【従前の記録】
	【父母との続柄】長男　　　　　　　　→　下段に落とす！

イ　紙戸籍の記載例（子の身分事項欄中認知事項）

　　平成弐拾六年五月拾日東京都千代田区平河町一丁目四番地甲野義太郎

　認知届出父母との続柄訂正㊞

(2)　**インデックスの【関連訂正事項】から読み解くべき事項**

ア　認知の記録の中で父母との続柄訂正ができること

　　本事例の場合は，子自身も届出の事件本人ですから，認知届の入力画面で認知の記録と同時に父母との続柄訂正ができます。事例１と同様，区長限りの職権で訂正しますから，【関連訂正事項】のインデックスで訂正経過を明らかにしたものです。

　　認知届出の際に，父が届書の「その他」欄に「この認知届出により子は嫡出子の身分を取得し，父母との続柄を長男と訂正する。」旨の記載をしたものです。

　　事例５（41頁）の場合，基本タイトルの訂正処理となったのは，婚姻は当事者である父母からの届出であり，子は同届出の当事者ではないため，婚姻の入力画面で訂正処理をすることはできないからです。

　　認知準正の場合は，【配偶者氏名】＝【認知者氏名】と，【新本籍】＋【称する氏】＝【認知者の戸籍】，さらに【関連訂正事項】から，嫡出子の身分を取得したと読み解くのです。

イ　父母の戸籍に入籍するには家庭裁判所の許可は要しないこと

　　本事例の場合も，家庭裁判所の許可を得る必要がなく，**事例５**（41頁）と同じ処理となります。

45

第3章 認　知

 胎児認知事項の記録から子の日本国籍取得と新戸籍編製を読み解く

| 事例7 | 日本人男から胎児認知された外国人母から出生した子の出生事項と胎児認知事項の記録 |

(1) 戸籍の記載例

ア　コンピュータ戸籍の記載例

(出生届出で編製した子の新戸籍)

本　　籍	東京都豊島区東池袋一丁目８００番地
氏　　名	甲野　桃子　　　　　　　　出生届出で新戸籍を編製！
戸籍事項 　戸籍編製	【編製日】平成２７年１月２０日
戸籍に記録されている者	【名】桃子 【生年月日】平成２７年１月１０日 【父】甲野義太郎 【母】マックイン，メアリー 【続柄】長女
身分事項 　出　　生	【出生日】平成２７年１月１０日 【出生地】東京都豊島区 【母の国籍】フィリピン国　　　｝通常にない 【母の生年月日】西暦１９９０年２月２２日　｝　　記録！ 【届出日】平成２７年１月２０日 【届出人】母
認　　知	【胎児認知日】平成２６年１１月１１日 【認知者氏名】甲野義太郎 【認知者の戸籍】東京都豊島区東池袋一丁目８００番地　甲野 　　　　　　　　義太郎

(胎児認知した父の戸籍の身分事項欄)

| 　認　　知 | 【胎児認知日】平成２６年１１月１１日
【認知した子の氏名】甲野桃子
【認知した子の戸籍】東京都豊島区東池袋一丁目８００番地
　　　　　　　　　　甲野桃子 |

46

第3章　認　知

イ　紙戸籍の記載例

（子の戸籍の身分事項欄）

　　平成弐拾七年壱月拾日東京都豊島区で出生同月弐拾日母（国籍フィリ
ピン国西暦千九百九拾年弐月弐拾弐日生）届出入籍㊞

　　平成弐拾六年拾壱月拾壱日東京都豊島区東池袋一丁目八百番地甲野義
太郎胎児認知届出㊞

（父の戸籍の身分事項欄）

　　平成弐拾六年拾壱月拾壱日東京都豊島区東池袋一丁目八百番地甲野桃
子を胎児認知届出㊞

(2)　**【母の国籍】【母の生年月日】と胎児認知事項から読み解くべき事項**

ア　**母が外国籍者にもかかわらず日本国籍を取得したこと**

　　胎児認知を読み解くべき基本的事項に関しては，**事例4**（38頁）で解
説しましたが，本事例は，出生事項に**【母の国籍】**と**【母の生年月日】**
の記録があることに注目します。併せて認知事項から，胎児認知した父
が日本人（**【認知者の戸籍】**）であることも読み取ります。

　　子の戸籍を見ると，子自身が戸籍の筆頭者になっています。これは，
出生届出で新戸籍を編製したものです。出生届出に際し，届書の「その
他」欄に『出生子は，平成26年11月11日に日本人父甲野義太郎から胎児
認知の届出がされているため，国籍法2条1号により日本国籍を取得し，
氏を「甲野」と定め，東京都豊島区東池袋一丁目800番地に新戸籍を編
製する。』旨を記載して届けたことから，子について新戸籍を編製した
ものです。

　　子の出生時点において，法律上の父が存在しており，その父が日本人
であったことから，生まれながらにして日本国籍を取得したのです（国
2条1号）。

　　子が日本人父と外国人母間の嫡出子の場合は，出生事項に**【母の国
籍】【母の生年月日】**の記録はしません。父の婚姻事項から母が特定で
きるからです。

　　嫡出でない子の場合は，母欄のみでは母を特定することができないた
め，母の国籍と生年月日を出生事項に記録（記載）することにしたので

47

第3章 認　知

す。
　胎児認知届も自庁で受理していますので，戸籍システムでは，出生届の画面で「胎児認知有り」と胎児認知届の受理番号を入力することで，胎児認知事項まで記録されます。
　以上，出生届書に記載する事項，子の日本国籍取得と新戸籍編製，そして，母を特定するための記録であることを読み解きます。
イ　日本人父の戸籍には直ちに入籍できないこと
　本事例の子は嫡出でない子であるため，直ちには日本人父の戸籍に入れないことから，出生の届出人である親権者母が，子の氏と本籍を任意に定めたものです。実務では，日本人父と同じ氏と，同じ本籍を定める場合が多く見受けられます。
　父の認知事項からは，「認知した子の氏名＝認知した子の戸籍の筆頭者氏名」を読み取り，胎児認知により子が日本国籍を取得し，新戸籍を編製したことを読み解きます。
　その後，父・母から，子を父の戸籍に入籍させたいとして，その手続方法等について相談がされるのが通例です。その場合は，民法第791条第1項と戸籍法第98条第1項による手続を案内します（147頁のウ参照）。

8　特記事項の記録から父の本国法が事実主義であることを読み解く

事例8　父子関係の成立が事実主義の法制を採る国の国籍を持つ父を相手に，親子関係存在確認の裁判を確定させたとして届出した認知事項の記録

(1) **戸籍の記載例**
ア　コンピュータ戸籍の記載例
（母の戸籍中，子の身分事項欄）

認　知	【認知の裁判確定日】平成27年11月11日 【認知者氏名】マックイン，リチャード

48

第3章　認　知

【認知者の国籍】フィリピン国 【認知者の生年月日】西暦１９７５年８月８日 【届出日】平成２７年１１月２０日 【届出人】親権者母　　→　子が15歳未満の場合！ 【特記事項】平成２７年１１月１１日国籍フィリピン国マックイ 　　　　　ン，リチャード（西暦１９７５年８月８日生）との親子 　　　　　関係存在確認の裁判確定

イ　紙戸籍の記載例

　（母の戸籍中，子の身分事項欄）

　　平成弐拾七年拾壱月拾壱日国籍フィリピン国マックイン、リチャード
（西暦千九百七拾五年八月八日生）との親子関係存在確認の裁判確定同
月弐拾日親権者母届出㊞

(2)　**インデックスの【特記事項】から読み解くべき事項**

ア　**【認知の裁判確定日】＝「親子関係存在確認の裁判確定日」であること**

　　日本人女の嫡出でない子について，その出生の当時における外国人父
の本国法が事実主義（嫡出でない子と父との間の血縁関係が客観的に存在
すれば，法律上も親子関係を認めるとする主義）を採用している場合にお
いて，当該親子間に親子関係存在確認の裁判がされた場合は，当該裁判
は，父子間の自然血縁関係の存在を認定した上，その結果として，法律
上の父子関係の対世的確定を認めるものです。そこで，この場合は，実
質的に認知の裁判が確定した場合と同視できることから，平成元年10月
２日民二第3900号通達は，戸籍法第63条の規定（強制認知があったとき
の届出）の類推適用による届出により，子の戸籍に父の氏名を記載する
こととされています（前掲通達第４の２(2)，通則法29条１項，渉外戸籍実
務研究会著「設題解説渉外戸籍実務の処理Ⅳ出生・認知編」の問23（279頁）
参照）。そのため，認知の裁判が確定したとの記載ができるということ
です。

イ　**コンピュータ戸籍には【親子関係存在確認の裁判確定日】のインデッ
クスがないこと**

　　戸籍システムでは，【親子関係存在確認の裁判確定日】のインデック
スがありません。しかし，上記3900号通達の考え方によって，認知の裁
判が確定したものと同視して取り扱い，【認知の裁判確定日】のイン

49

第3章 認　知

デックスで対応できる，つまり，認知として戸籍の記載ができるのです。
　ところが，【認知の裁判確定日】だけでは，父子関係形成の準拠法が分かりません。それを明らかにするとともに，裁判の形態を明らかにするために，特記事項による記録としたのです。
ウ　戸籍法第63条の類推適用による届出として受理すること
　「親子（父子）関係存在確認＝認知」と同視できるとの考え方から，また，タイトルが認知になっていることから，本事例は，判決（審判）書と確定証明書を添付して，報告的認知届出がされたものと理解します。
　しかし，判決（審判）書の内容は認知ではありません。よって，届出に際しては，認知届書左上の"認知届"を"戸籍法第63条の類推適用による届出"に訂正してもらった上で，これを受理することになります（平成元・10・2民二3900号通達第4の2(2)参照）。
　少し難しいと思いますが，以上，ア及びイの事項とともに読み解く必要があります。「第2章　出生」の**事例10**（26頁）と併せて，事実主義の考え方をしっかり押さえましょう。

婚姻後200日以内に出生した子に対する母の夫からの認知届を読み解く

事例9　嫡出でない子として出生届出された子に対し，母の夫から認知届出がなされたため父の氏名記録と父母との続柄を訂正した記録事項

(1)　**戸籍の記載例**
ア　コンピュータ戸籍の記載例
（出生届出によって入籍した子の戸籍）

本　　籍	東京都豊島区東池袋一丁目800番地
氏　　名	甲野　義太郎

50

第3章　認　知

戸籍事項 　　戸籍編製	【編製日】平成２７年１月１５日
戸籍に記録されている者	【名】義太郎 【生年月日】昭和５５年８月１日　　　　【配偶者区分】夫 （父母の氏名～出生事項省略）
身分事項 　　婚　　姻	【婚姻日】平成２７年１月１５日 【配偶者氏名】乙川梅子 （以下省略）
戸籍に記録されている者	【名】梅子 【生年月日】昭和５７年５月１日　　　　【配偶者区分】妻 （父母の氏名～出生事項省略）
身分事項 　　婚　　姻	【婚姻日】平成２７年１月１５日 【配偶者氏名】甲野義太郎 （以下省略）
戸籍に記録されている者	【名】桃子 【生年月日】平成２７年６月１５日 **【父】甲野義太郎**　　　　　→　　記録前は空欄だった！ 【母】甲野梅子 **【続柄】長女**　→　嫡出子としての続柄に訂正！
身分事項 　　出　　生 　　記　　録	【出生日】平成２７年６月１５日 【出生地】東京都豊島区 【届出日】平成２７年６月２８日 【届出人】母 【記録日】平成２７年１０月２３日　→　許可書到着日！ 【記録事項】父の氏名 【記録事由】父の申出 【許可日】平成２７年１０月２０日 【関連訂正事項】父母との続柄　　→　嫡出でない長女が嫡 【従前の記録】　　　　　　　　　　　　出である長女になる 　　【父母との続柄】長女　　→　としても訂正する！ 【記録の内容】 　　【父】甲野義太郎

51

第3章　認　　知

イ　紙戸籍の記載例

（父母の戸籍中，子の身分事項欄）

　父の申出により平成弐拾七年拾月弐拾日許可同月弐拾参日父欄記載父母との続柄訂正㊞

↓

　父欄に氏名を記載するとともに，嫡出でない子としての「長女」に朱線を施し，余白部分に嫡出子としての「長女」を記載します。

⑵　**タイトルの記録から読み解くべき事項**

ア　認知届出としては受理しないこと

　本事例は，母の夫が，嫡出でない子として入籍した子に対し，任意認知の届出をしたことによる記載例です。

　認知届出をしているにもかかわらず，認知としての記録がありません。

　子が母の夫によって懐胎（妊娠）したのであれば，その子は婚姻後に生まれていますから，推定されない嫡出子（生来の嫡出子）としての出生届出ができたはずです。しかし，母は嫡出でない子として届出しました。

　母の夫が認知届出をしたということは，母の夫が子の父であるということになります。つまり，認知の届出で，子は生まれながらの嫡出子であることが判明したわけです。そうすると，嫡出でない子として記載されたのは，結果として誤りだったということになるのです。

　以上のことから，認知届書を認知届出として受理せず，父欄に父の氏名を記載するとともに，父母との続柄を嫡出子としての記載に訂正する旨の申出書として取り扱った上で，その訂正処理をしたものであると読み解きます（昭和34・8・28民事甲1827号通達）。

　戸籍システムにおいては，空欄だった父欄に氏名を記録することで，必然的に父母との続柄を訂正することから，タイトルを記録とし，【関連訂正事項】のインデックスで父母との続柄訂正を表示する記録としたものです。

イ　管轄法務局の許可を得て訂正処理をすること

　民法第779条は，嫡出でない子は，その父又は母がこれを認知するこ

第3章 認 知

とができると規定しています。

　本事例の子は，母が夫との婚姻成立後200日以内に出生した子であり，嫡出の推定を受けない（民772条2項）ので，仮に母の夫以外の男性によって懐胎したのであれば，その男性から認知の届出がされたときは，当然受理することができます。

　しかし，当該子は，実体上は母の夫が父であったことから，子は生まれながらの嫡出子と判明したことになります。嫡出子に対して認知届出は受理できませんから，認知届出として受理するのではなく，嫡出子の記載に訂正する旨の申出書として取り扱うべきであるとしたのが，上記アの考え方なのです。なお，上記の訂正については，戸籍法第24条の戸籍訂正手続の趣旨により管轄法務局の長の許可を得る必要があります。

ウ　タイトル記録部分は移記を要しないこと

　タイトル記録部分については，転籍，婚姻等による入籍戸籍又は新戸籍には移記を要しません。父欄に氏名を記録し，父母との続柄を嫡出子としての続柄に訂正したことで，記録部分がなくても，嫡出子としての出生届出で父母の戸籍に入籍したことが読み取れるからです。

53

第4章　養子縁組

第4章
養子縁組

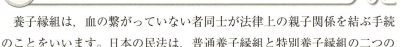

養子縁組は，血の繋がっていない者同士が法律上の親子関係を結ぶ手続のことをいいます。日本の民法は，普通養子縁組と特別養子縁組の二つの制度を規定しています。

ここでは，普通養子縁組を対象とし，実務において，比較的多い養子縁組届出に限定して整理したいと思います。

この養子縁組届出は，届出し，受理されることによって効力が発生する創設的届出です。したがって，受理する際の審査には，細心の注意が必要です。コンピュータ記載例から，法的根拠をしっかり押さえて，いざ審査するときには，少しも慌てることなく処理できるように，整理しておきましょう。

| 事例1 | 妻の連れ子を養子とする縁組の届出による養子縁組事項の記録 |

(1)　戸籍の記載例

ア　コンピュータ戸籍の記載例

（縁組後の養父と養子の戸籍）

本　　籍	東京都豊島区東池袋一丁目800番地
氏　　名	甲野　義太郎
戸籍事項 　　戸籍編製	【編製日】平成26年8月8日
戸籍に記録されている者	
	【名】義太郎

第4章　養子縁組

	【生年月日】昭和50年8月1日　　　　　【配偶者区分】夫 【父】甲野幸雄 【母】甲野松子 【続柄】長男
身分事項 　出　　生	（出生事項省略）
婚　　姻	（婚姻事項省略）
養子縁組	【縁組日】平成26年8月8日　　　　　　　　　　　→　❶ 【養子氏名】乙野武雄　　　　　　　　　　　　　　→　❷
戸籍に記録されている者	【名】梅子 【生年月日】昭和55年5月1日　　　　　【配偶者区分】妻 【父】乙野忠治 【母】乙野春子 【続柄】二女
身分事項 　出　　生	（出生事項省略）
婚　　姻	【婚姻】平成26年8月8日 【配偶者氏名】甲野義太郎 【従前戸籍】東京都千代田区平河町一丁目4番地　乙野梅子
戸籍に記録されている者	【名】武雄 【生年月日】平成20年11月3日 【父】丙川英助 【母】甲野梅子 【続柄】長男 【養父】甲野義太郎　　　　　　　　　　　　　　　→　❺ 【続柄】養子　　　　　　　　　　　　　　　　　　→　❻
身分事項 　出　　生	（出生事項省略）
養子縁組	【縁組日】平成26年8月8日　　　　　　　　　　　→　❶ 【養父氏名】甲野義太郎　　　　　　　　　　　　　→　❷ 【代諾者】親権者母　　　　　　　　　　　　　　　→　❸ 【従前戸籍】東京都千代田区平河町一丁目4番地　乙野梅子 　　　　　　　　　　　　　　　　　　　　　　　　→　❹

※　紙戸籍の記載例は省略します。異なる点に絞って解説します。

(2)　本記載例のポイント

ア　インデックス（❶～❻）から養子縁組届出の際の審査の手法を読み解く

　　❶【縁組日】は，養子縁組の届出をし受理された日です。民法，戸籍

55

第4章　養子縁組

法等に反しないことを審査した上で市区町村長（戸籍事務管掌者）が受理した（民800条）日です。養子縁組の成立日でもあります。

養子縁組したのは，養父と養子ですから，双方の身分事項欄に【縁組日】を記録します。【縁組届出日】としなかった点は，普通養子縁組を日本で成立させるには，常に届出によることから創設的届出であり，【縁組日】で充分読み取れるからです。この点は，婚姻や協議離婚でも同じ考え方です。

❷【養子氏名】は，紙戸籍で記載するところの「**乙野武雄を養子とする縁組届出～**」ですが，誰を養子にしたかを当然明らかにして記録したもので，養子縁組の届書の左側の一番上に記載された養子の氏名を記録します。

一方，【養父氏名】は，紙戸籍で記載するところの「**甲野義太郎の養子となる縁組届出～**」であり，当然ですが養子の身分事項欄に記録します。養子縁組の届書の右側の一番上に記載された養父の氏名を記録します。

❸【代諾者】は，縁組届出の当時養子が15歳未満（本事例は満5歳）であることから，本人に代わって法定代理人，つまり，親権者母が養子になるとの意思表示をしたことから記録するものです（民797条1項）。紙戸籍では，「～の養子となる縁組届出（**代諾者親権者母**）～」と括弧書きで記載しますが，コンピュータ戸籍では特記事項とせず代諾者のインデックスに資格氏名を記録することになります（父又は母が代諾者の場合は，氏名は省略します。戸規30条2号参照）。養子縁組が継続する限り養子の身分事項欄の養子縁組事項は，移記事項ですので，代諾者の記録もそのまま移記されます。本人に代わって意思表示（届出）するというのは，15歳未満の者については，意思能力を有していないとの考え方によるものです。

法定代理人となるのは，親権者のほか未成年後見人等があります（民818条，839条，840条等）。本事例の養子の場合は，添付された養子の戸籍謄本で，身分事項欄に記載されている親権事項から，親権者が母であるかをしっかり審査し確認する必要があります。

❹【従前戸籍】は，養子縁組の効力として，養子は養親の氏を称することになり（民810条），養親の戸籍に入籍することから（戸18条3項），検索機能の観点からも，養子の縁組前の戸籍（本籍）が何処であったかを明らかにするものです。また，筆頭者の氏から縁組前の氏も分かります。

❺【養父】は，実父母のほかに法律上の親ができましたので，当然に養父と養父との続柄欄を設けなければならないことから記録したものです。紙戸籍では名欄の一部に書き足して表示させるところの記録です。

❻【続柄】は，戸籍の場合は，続柄の記録によって性別も表しますから，養子が男の場合は，養子と記録し，養子が女の場合は，**養女**と記録します。紙戸籍も同じです。

イ　民法第795条・第798条ただし書を理解する

本事例は，実務では一番多い養子縁組ではないでしょうか。通常，母の再婚の届出と同時に提出される場合がほとんどであると思います。

母梅子の【婚姻日】と養父及び養子の【縁組日】が同じ日になっています。

これは，母の再婚の婚姻届出と，母の連れ子の養子縁組届出が同時になされたものと読み解くことができます。先に婚姻届出を受理し，その後に養子縁組届出を受理する形です。

未成年者を養子とする縁組では，本来，家庭裁判所の許可が必要となります（民798条本文）。しかし，先に婚姻届出を受理すると，連れ子は，夫から見ると配偶者の直系卑属になります。そうすると，民法第798条ただし書により，家庭裁判所の許可を得なくてもよいのです。母の婚姻成立で，夫と子は，姻族関係になり，全くの他人ではないことから，子の福祉の観点からもあえて家庭裁判所の許可を得るまでもないとの考え方によるものです。

また，未成年者を養子とする場合で，養親に配偶者がいる場合は，いわゆる夫婦共同縁組として配偶者も養親にならなくてはなりませんが（民795条本文），自分の嫡出子は養子にする実益がありませんので，連れ子が嫡出子（母と母の前夫との間に生まれた子）の場合は，民法第795条

第4章　養子縁組

ただし書により，養父だけが養親になってよいとされています。

　同法の本文は，未成年者の福祉の観点から規定されたもので，一方だけが養親であっても，他方とは他人であるため，養子の地位が不安定であることから，夫婦共同縁組を原則としたものです。

ウ　縁組後の親権について理解する

　養子となった武雄の縁組前の戸籍への記載例は示しませんでしたが，【従前戸籍】の表示から，縁組前は母と同籍していたことが分かります。その戸籍には，子の親権に関する事項が記載（離婚のところで解説—100頁参照）されています。

　武雄の縁組後の身分事項欄には，親権事項の記載はありません。また，その必要もありません。

　民法第818条第2項で，子が養子であるときは，養親の親権に服する，とある一方，同条第3項では，親権は，父母が婚姻中は，父母が共同して行う，ともあることから，本事例の場合，養子武雄の親権者は誰になるかが気になるところです。

　昭和25年9月22日民事甲第2573号通達では，養親及び実親の親権者としての地位には互いに優劣の差を認むべきものではない，との考えを示し，養親と実親の共同親権に服するとの戸籍実務としての考え方を示しています。

　さらに，昭和26年1月24日最高裁判所家庭甲第14号回答で，民法第818条第3項にいう婚姻中の父母とは，婚姻中の実父母又は養父母だけを指すものではなく，実親と養親とが婚姻中である場合を含むものと解する，として司法の場でも共同親権との考え方を示しています。

　以上から，本事例の養子武雄の親権者は，養父義太郎と実母梅子の2人ということになります。そして，この場合は，法律上明らかであり，かつ容易に判断できることから，親権事項は記載しないのです。

58

2 記録の内容から夫婦共同縁組について理解する

| 事例2 | 妻の嫡出でない子を夫が妻とともに養子とする縁組事項の記録 |

(1) 戸籍の記載例

ア　コンピュータ戸籍の記載例

（縁組後の養父母と養子の戸籍）

本　　籍	東京都豊島区東池袋一丁目800番地
氏　　名	甲野　義太郎
戸籍事項 　　戸籍編製	【編製日】平成26年8月8日
戸籍に記録されている者	【名】義太郎 【生年月日】昭和50年8月1日　　　【配偶者区分】夫 【父】甲野幸雄 【母】甲野松子 【続柄】長男
身分事項 　　出　　生 　　婚　　姻 　　養子縁組	（出生事項省略） （婚姻事項省略） 【縁組日】平成26年8月8日 【共同縁組者】妻　　　　　　　　　　　　　→ ❶ 【養子氏名】乙野武雄
戸籍に記録されている者	【名】梅子 【生年月日】昭和55年5月1日　　　【配偶者区分】妻 【父】乙野忠治 【母】乙野春子 【続柄】二女
身分事項 　　出　　生 　　婚　　姻	（出生事項省略） 【婚姻日】平成26年8月8日 【配偶者氏名】甲野義太郎 【従前戸籍】東京都千代田区平河町一丁目4番地　乙野梅子

59

第4章　養子縁組

養子縁組	【縁組日】平成２６年８月８日 【共同縁組者】夫　　　　　　　　　　　→　❶ 【養子氏名】乙野武雄
戸籍に記録されている者	【名】武雄 【生年月日】平成２０年１１月３日 【父】丙川英助 【母】甲野梅子 【続柄】長男 【養父】甲野義太郎　　　　　　　　　　→　❷ 【養母】甲野梅子　　　　　　　　　　　→　❷ 【続柄】養子
身分事項 　　出　　生	（出生事項省略）
認　　知	【認知日】平成２０年１２月１２日 【認知者氏名】丙川英助 【認知者の戸籍】京都市上京区小山初音町１８番地　丙川英助 【送付を受けた日】平成２０年１２月１５日 【受理者】京都市上京区長
養子縁組	【縁組日】平成２６年８月８日 【養父氏名】甲野義太郎　　　　　　　　→　❸ 【養母氏名】甲野梅子　　　　　　　　　→　❸ 【代諾者】親権者母　　　　　　　　　　→　❹ 【従前戸籍】東京都千代田区平河町一丁目４番地　乙野梅子

（縁組前の養子の身分事項欄）

戸籍に記録されている者	【名】武雄 【生年月日】平成２０年１１月３日 【父】丙川英助 【母】乙野梅子 【続柄】長男
身分事項 出　　生	（出生事項省略）
認　　知　❺	【認知日】平成２０年１２月１２日 【認知者氏名】丙川英助 【認知者の戸籍】京都市上京区小山初音町１８番地　丙川英助 【送付を受けた日】平成２０年１２月１５日 【受理者】京都市上京区長

※　紙戸籍の記載例は省略します。異なる点に絞って解説します。

第 4 章　養子縁組

(2)　**本記載例のポイント**

ア　インデックス（❶〜❹）から養子縁組届出の際の審査の手法を読み解く

　❶【共同縁組者】は，紙戸籍の記載例「妻とともに」と「夫とともに」をインデックス化したものです。

　民法第795条本文は，配偶者のある者が未成年者を養子とするには，配偶者とともにしなければならないと規定し，夫婦の共同縁組を原則としています。ただし，配偶者の嫡出である子を養子とする場合又は配偶者がその意思を表示することができない場合には，単独縁組も認められています（同条ただし書）。

　本事例の養子は，母の嫡出でない子であることから，同条ただし書には該当しないため，実の母であるにもかかわらず，養子縁組をしなければならないのです。

　❷【養父】及び【養母】は，実父母以外に法律上の父母が存在するに至りましたから，戸籍に記録されている者欄（名欄）の一部に記録したものです。**事例1**（54頁参照）と同じです。

　❸【養父氏名】及び【養母氏名】は，紙戸籍の記載例「甲野義太郎同人妻梅子の養子となる」をインデックス化したものです。

　【養父氏名】と【養母氏名】の連記で，二人が夫婦であることを読み解きます。養父と養母が夫婦でない場合は，このような記載（記録）にはなりませんので，容易に判断できます。

　それが証拠に，養子縁組の届書を今一度良く見ていただくと，左側は養子と養女の欄になっており，右側は養父と養母の記入欄になっています。これは，養子になる場合も，養親になる場合も，夫婦で養子になる場合と，夫婦で養親になる場合に対応できるようにしているのです。

　したがって，養父と養母が連名で記録されているということは，夫婦で養子とする届出をしたということを意味しているのです。

　❹【代諾者】は，**事例1**（54頁）の場合と同じですが，嫡出でない子の親権者である実母が，本人に代わって養子縁組の届出人になれるか疑問のあるところです。

61

実母は，養子縁組の届書に養母としても署名押印し，届出人になっているのです。つまり，養子と養母の縁組の届出の部分に関しては，届出人が一人という不可思議な状態なのです。

民法第826条は，親権者である母とその子との利益が相反する行為については，子に代わって特別代理人を選任する必要があると規定しています。

本事例の場合，養子は15歳未満ですが，養子が仮に母との縁組を望まないとすれば，お互いの利益が反することになります。昭和62年法律第101号による改正前の民法第795条は，配偶者の「嫡出でない子」を養子とする場合にも単独縁組を認め，夫婦の共同縁組を強制していませんでした。

養子縁組の効力の一つに，嫡出性の取得があります（民809条）。自己の嫡出でない子を養子にすることは，嫡出性を取得させる意味があること，さらに，子の福祉の観点（子の地位向上）からも，養子とすべきであるとの考え方により，現在の規定に改正されたものです。

以上の経緯と考え方から，昭和63年9月17日民二第5165号通達により，本事例のように，自己の15歳未満の嫡出でない子を配偶者とともに養子縁組する場合に限り，親権者母に代わって特別代理人を選任することなく，親権者母からの届出による養子縁組を認めるに至ったのです。

イ ❺のタイトル認知から読み解くこと

養子武雄の身分事項欄に認知の記録がありますが，実父丙川英助との関係では嫡出子でないことから，戸籍法施行規則第39条第1項第2号によって縁組前の戸籍からそのまま移記したものです。

この認知事項から，実父母の嫡出子でなかったため，夫婦共同縁組をしなければならなかったことを読み解くのです。

また，養子縁組届出の審査にあたっては，養子となる未成年者が，嫡出子か嫡出でない子か，身分事項欄も見ながらしっかり審査しなければなりません。

縁組前の養子の身分事項欄に認知の記載があるということは，嫡出でない子であると読み解くことができるということです。

第4章　養子縁組

ウ　その他留意点について

　本事例は，**事例1**と同じく，婚姻届と養子縁組届が同時に提出されています。

　先に婚姻届を受理しますから，養子縁組の養子になる者の届出人である母の署名は，婚姻後の夫の氏である甲野の氏であることになります。

　母は，婚姻届書には乙野梅子で署名しますが，養子縁組届書にも，うっかり乙野梅子で署名しがちのため，審査する際には充分に留意してください。もちろん，**事例1**の場合も留意しなければなりません。

　なお，家庭裁判所の許可を必要としないのは**事例1**と同じです。

③ 縁組事項から新戸籍編製と民法上の氏の変更について理解する

　以下では，婚姻で氏を改めなかった夫又は妻が養子となる縁組の届出により，夫婦について新戸籍を編製する場合について整理したいと思います。

> **事例3**　婚姻で氏を改めなかった夫が，妻の同意を得て，父の後妻の養子となる縁組の届出をした場合の記録

(1)　戸籍の記載例

ア　コンピュータ戸籍の記載例

（縁組届出で編製した夫婦の新戸籍）

本　　籍	東京都豊島区東池袋一丁目８００番地	
氏　　名	甲野　義太郎	
戸籍事項 　戸籍編製	【編製日】平成２７年８月５日	
戸籍に記録されている者	【名】義太郎 【生年月日】昭和５５年８月１日 【父】甲野幸雄 【母】甲野松子 【続柄】長男	【配偶者区分】夫

63

第4章　養子縁組

	【養母】甲野竹子 【続柄】養子
身分事項 　　出　　生	（出生事項省略）
婚　　姻	【婚姻日】平成２４年５月１日 【配偶者氏名】乙川彩子 【従前戸籍】東京都豊島区東池袋八丁目８０番地　甲野幸雄
養子縁組	【縁組日】平成２７年８月５日 【養母氏名】甲野竹子 【養親の戸籍】東京都豊島区東池袋八丁目８０番地　甲野幸雄 　　　　　　　　　　　　　　　　　　　　　　→　❶ 【従前戸籍】東京都豊島区東池袋一丁目８００番地　甲野義太 郎　　　　　　　　　　　　　　　　　　　　→　❷
戸籍に記録されている者	【名】彩子 【生年月日】昭和５８年５月１日　　　　【配偶者区分】妻 【父】乙川忠治 【母】乙川春子 【続柄】二女
身分事項 　　出　　生	（出生事項省略）
婚　　姻	（婚姻事項省略）
配偶者の縁組	【入籍日】平成２７年８月５日　　　　　　　→　❸ 【入籍事由】夫の縁組　　　　　　　　　　　→　❸ 【従前戸籍】東京都豊島区東池袋一丁目８００番地　甲野義太 郎　　　　　　　　　　　　　　　　　　　　→　❷

※従前戸籍への記載例は省略します（紙戸籍も省略）。

（父の戸籍中，後妻の身分事項欄）

養子縁組	【縁組日】平成２７年８月５日 【養子氏名】甲野義太郎 【養子の従前戸籍】東京都豊島区東池袋一丁目８００番地　甲 野義太郎　　　　　　　　　　　　　　　　　→　❹ 【養子の新本籍】東京都豊島区東池袋一丁目８００番地 　　　　　　　　　　　　　　　　　　　　　→　❺

イ　紙戸籍の記載例

（縁組届出で編製した夫婦の新戸籍中，夫の身分事項欄）

　平成弐拾七年八月五日東京都豊島区東池袋八丁目八十番地甲野幸雄同❶※

籍竹子の養子となる縁組届出同区東池袋一丁目八百番地甲野義太郎戸籍❷

から入籍㊞

64

第4章　養子縁組

　　※夫婦双方の養子になった場合の記載は，〜丙川清志同人妻正子の養子となる〜との
　　　記載となる。

(縁組届出で編製した夫婦の新戸籍中，妻の身分事項欄)
❸※
平成弐拾七年八月五日夫とともに入籍㊞

　　※なぜ入籍したかは，夫の身分事項欄の記載で読み取れるから，単に夫とともに入籍
　　　した旨を記載し，従前戸籍等の記載は省略するとの考え方による。

(父の戸籍中，後妻の身分事項欄)
　　　　　　　　　　　　　　❹　　　　　　　　　　　　　　　　　　　　　**❺※**
平成弐拾七年八月五日東京都豊島区東池袋一丁目八百番地（新本籍同
所）甲野義太郎を養子とする縁組届出㊞

　　※括弧書きの新本籍の記載から，養子に配偶者があることを読み解けます。当然配偶
　　　者には外国人も含まれます。

(2)　本記載例のポイント

ア　インデックス❶〜❺から読み解くべき事項

　❶【養親の戸籍】は，養子縁組したものの養親の戸籍に入籍できない
場合に記録します。縁組により父の後妻とは法律上の親子関係が形成さ
れます。この記載は，相続等の場合の検索機能を果たします。なお，こ
の【養親の戸籍】が，婚姻事項中の【従前戸籍】とイコールであること
から，養母は父の後妻である可能性が大であることも読み解くことがで
きます。

　❷【従前戸籍】は，養子は，養親の氏を称して養親の戸籍に入籍しま
すが（民810条本文，戸18条3項），養子に配偶者がある場合は，氏は養親
の氏を称するものの戸籍は夫婦につき新戸籍を編製する（戸20条）こと
から，検索機能として記録しなければなりません（戸13条7号）。

　縁組事項に【従前戸籍】の記録がある場合は，養子縁組届出で新戸籍
を編製したものであることを読み解きます。

　❸【入籍日】と【入籍事由】は，婚姻で氏を改めなかった夫が父の後
妻の養子になり，戸籍法20条の規定により新戸籍を編製し，その戸籍に
妻として入籍したことを明らかにした記録です。紙戸籍では単に「年月
日夫とともに入籍㊞」の記載ですが，コンピュータ戸籍では，なぜこの
戸籍に入籍したかを明らかにする必要があることから，タイトルを配偶

65

第4章　養子縁組

者の縁組として，❷とともに記録したものです。そのため，本事例では，入籍日は縁組日と同じ日となるのです。

　婚姻で氏を改めた妻だけが養子となった場合は，民法上の氏は変更しない（民810条ただし書）ため，新戸籍は編製しません。

　❹【養子の従前戸籍】は，❶の反面として養親の戸籍に記録するものです。養子縁組したものの養子は同籍できないことから，養子を特定するためには必要な記録です。

　❺【養子の新本籍】は，❷の反面として養親の戸籍に記録します。養子に配偶者があり，かつ，養子本人が戸籍の筆頭者である場合は，縁組後も養子本人が戸籍の筆頭者となることから，インデックスは【養子の新戸籍】ではなく，【養子の新本籍】とし，縁組後の筆頭者の氏名を記録しなくても十分読み取れるとしたのです。紙戸籍でも単に括弧書きで，（新本籍何処何処）又は（新本籍同所）と記載していることから，それに合わせたものです。

　なお，本事例のような養子縁組の場合の戸籍の取扱いについて，平成2年10月5日民二第4400号民事局長通達は，養親となるべき者との氏の異同を問わず養子夫婦について新戸籍を編製することとしていますので，留意が必要です。

66

第5章　養子離縁

第5章

養子離縁

① 記録の内容から養子離縁について理解する

　養子離縁とは，養子縁組の解消をいいます。養子縁組によって成立した法律的な親子関係を将来に向かって消滅させる身分行為です。

　養子離縁の場合も，普通養子離縁と特別養子離縁の２つの制度がありますが，ここでは，比較的多い普通養子離縁について，その記載例から読み解くべき事項について，整理したいと思います。

　養子離縁の場合も，第７章の離婚と同様，協議によるほかに，調停，審判，判決，和解及び認諾という裁判による離縁があります。

　また，離婚にはありませんが，離縁の場合は，縁組当事者の一方（養親又は養子）が死亡した後でも，生存当事者は，家庭裁判所の許可を得て離縁することが認められています（民811条6項）が，この場合，届出を要するので（戸72条）留意が必要です。

　さらに，離縁による氏や戸籍の変動，養子が未成年者の場合の離縁後の法定代理人（親権者又は未成年後見人）が誰になるか等，審査する事項が多々あることを念頭に入れておきましょう。

事例1	妻との離婚後，その連れ子（嫡出子）と協議離縁による養子離縁事項の記録

⑴　戸籍の記載例

ア　コンピュータ戸籍の記載例

（離縁後の養父と養子の戸籍）

本　　籍	東京都豊島区東池袋一丁目800番地

67

第5章　養子離縁

氏　　　名	甲野　義太郎
戸籍事項 　　戸籍編製	【編製日】平成２６年８月８日
戸籍に記録されている者	【名】義太郎 【生年月日】昭和５０年８月１日 【父】甲野幸雄 【母】甲野松子 【続柄】長男
身分事項 　　出　　生 　　婚　　姻 　　養子縁組 　　離　　婚 　　養子離縁	（出生事項省略） - （婚姻事項省略） - 【縁組日】平成２６年８月８日 【養子氏名】乙野武雄 - （離婚事項省略） - 【離縁日】平成３０年３月１３日　　　→　❶ 【養子氏名】甲野武雄　　　　　　　→　❷
戸籍に記録されている者 　　　除　　籍	【名】梅子 【生年月日】昭和５５年５月１日 【父】乙野忠治 【母】乙野春子 【続柄】二女
身分事項 　　出　　生 　　婚　　姻 　　離　　婚	（出生事項省略） - （婚姻事項省略） - 【離婚日】平成３０年３月３日 【配偶者氏名】甲野義太郎 【新本籍】東京都千代田区平河町一丁目４番地
戸籍に記録されている者 　　除　　籍　❸	【名】武雄 【生年月日】平成２０年１１月３日 【父】丙川英助 【母】甲野梅子 【続柄】長男 【養父】甲野義太郎　　　　　　　　　　　⎫ 【続柄】養子　　　　　　　　　　　　　　⎬ ❸ 　　　　　　　　　　　　　　　　　　　　⎭
身分事項 　　出　　生	（出生事項省略）

68

第5章　養子離縁

養子縁組	【縁組日】平成２６年８月８日 【養父氏名】甲野義太郎 【代諾者】親権者母 【従前戸籍】東京都千代田区平河町一丁目４番地　乙野梅子 →　❺
親　　権	【親権者を定めた日】平成３０年３月３日 【親権者】母 【届出人】養父　甲野義太郎 【届出人】母　　　　　　　　　　　　　　　　　　　　}❻
養子離縁	【離縁日】平成３０年３月１３日　　　　　　　　　　→　❶ 【養父氏名】甲野義太郎　　　　　　　　　　　　　→　❷ 【協議者】親権者母　　　　　　　　　　　　　　　→　❹ 【入籍戸籍】東京都千代田区平河町一丁目４番地　乙野梅子 →　❺

※　離縁後の養子の入籍する戸籍の記載例（見方は同じです）と，紙戸籍の記載例は，省略します。

(2)　**本記載例のポイント**

ア　**インデックス（❶〜❻）から養子離縁届出の際の審査の手法を読み解く**

　❶【離縁日】は，協議離縁の届出をし，受理された日です。民法第811条第１項，第812条及び第813条，さらに，戸籍法第70条の規定によって審査した結果，受理した日ということです。

　❷【養子氏名】及び【養父氏名】は，養子離縁届書の一番上のそれぞれの氏名欄に記載された縁組中の氏名で記録します。

　❸は，養子は，養子離縁の届出で養父の戸籍から除かれることになるため，除籍マークを表示させます。しかし，養父欄及び養父との続柄欄は，消除しません。紙戸籍の処理が，名欄に朱線交叉するのみで養父母欄は消さないことから，コンピュータ戸籍においても，紙戸籍の処理に忠実に従ったものです。

　身分事項欄に養子離縁事項が記載されていますので，それによって十分に読み取ることができます。

　❹は，養子武雄に代わって，離縁後の法定代理人が協議離縁の届出をしたことによる記録です。紙戸籍では「〜協議離縁届出（協議者親権者母）」と括弧書きですが，コンピュータ戸籍においては，協議者として

69

第5章　養子離縁

インデックス化されています。

　本事例は，「第4章　養子縁組」事例1（54頁）の連れ子との離縁です。先に母と養父が協議離婚し，母を親権者と定めた10日後に，養父と協議離縁した場合の事例です。

　養子武雄は，養子離縁届出時は15歳未満ですから，本人には意思能力がないものとして，本人に代わって（民811条2項），その法定代理人が届出したことを読み解くのです。

　❺は，養子離縁届出の効力により，養子は縁組前の氏に復し，縁組前の戸籍に復籍するとの原則から，そのように届書に記載されたことから，記録したものです。

　民法第816条第1項本文及び戸籍法第19条第1項本文の規定によって，縁組前の母の戸籍（＝母の離婚後の戸籍）に復籍したことを読み解きます。

　審査に当たっては，必ず縁組事項の【従前戸籍】を見て，縁組前の戸籍と氏がどうであったかをしっかり見なければなりません。養子が縁組によって必ずしも母の戸籍から養父の戸籍に入籍したとは限らないからです。

　❻は，養子の親権事項ですが，協議離縁届出の審査をする場合に必ず見なければならない事項です。なぜならば，養子が15歳未満の場合の養子離縁届出の届出人が誰か，あるいは誰になるべきかを審査しなければならないからです。

　養子縁組の場合と同様，養子が15歳未満の場合は，その法定代理人が誰であるかを審査しなければなりません。見落とさないように気をつけたいところです。

　なお，届出人養父の後に，養父の氏名が記録されていますが，これは，戸籍法施行規則第30条第2号の規定により，届出人の資格及び氏名として記録したものです。

イ　離縁後の【協議者】について理解する

　本事例は，母が再婚し，その再婚相手と母の連れ子（本事例は嫡出子の場合）が養子縁組したものの，母と養父が離婚し，さらにその後，養父と協議離縁の届出をするという事例です。実務では一番多いのではな

70

いでしょうか。

養子が15歳未満の場合の離縁協議者に関しては，しっかり押さえたいところです。

民法第811条第2項で，養子が15歳未満であるときは，その離縁は，養親と養子の離縁後にその法定代理人となるべき者との協議でこれをするとしており，これを受けて戸籍法第71条は，協議上の離縁をする場合には，届出は，その協議をする者がこれをしなければならないとしています。

つまり，養子離縁届書の左側下段の届出人欄に署名押印すべき者が正当かどうか審査しなければならないということなのです。

法定代理人とは，未成年者の場合は，親権者又は未成年後見人です（民818条，819条，838条，839条，840条）が，本事例の養子の法定代理人は，母（実母）です。養子は，養子縁組によって養父と母の共同親権に服しました。その後，養父と母が協議離婚し，その際に，親権者を母と定めています。これは，民法第819条第1項の規定により，母に定めたものです。

したがって，養子離縁届出の時点での親権者は母ということになり，本事例の場合の養子の離縁後の法定代理人は，引き続き，離婚で親権者と定めた母ということになります。

記録の内容から離縁による復氏の取扱いについて理解する

| 事例2 | 妻と離婚後，妻の嫡出でない子との協議による養子離縁事項の記録 |

第5章　養子離縁

(1)　戸籍の記載例
ア　コンピュータ戸籍の記載例

（離縁後の養父と養子の戸籍）

本　　　籍	東京都豊島区東池袋一丁目８００番地
氏　　　名	甲野　義太郎

戸籍事項 　戸籍編製	【編製日】平成２６年８月８日
戸籍に記録されている者	【名】義太郎 【生年月日】昭和５０年８月１日 【父】甲野幸雄 【母】甲野松子 【続柄】長男
身分事項 　　出　　生 　　婚　　姻 　　養子縁組 　　離　　婚 　　養子離縁	（出生事項省略） （婚姻事項省略） 【縁組日】平成２６年８月８日 【共同縁組者】妻 【養子氏名】乙野武雄 （離婚事項省略） 【離縁日】平成３０年３月１３日 【養子氏名】甲野武雄
戸籍に記録されている者 　除　　籍	【名】梅子 【生年月日】昭和５５年５月１日 【父】乙野忠治 【母】乙野春子 【続柄】二女
身分事項 　　出　　生 　　婚　　姻 　　養子縁組 　　離　　婚	（出生事項省略） （婚姻事項省略） 【縁組日】平成２６年８月８日 【共同縁組者】夫 【養子氏名】乙野武雄 【離婚日】平成３０年３月３日 【配偶者氏名】甲野義太郎 【新本籍】東京都千代田区平河町一丁目４番地

72

第5章　養子離縁

戸籍に記録されている者	【名】武雄
（後記イ参照！）	【生年月日】平成２０年１１月３日 【父】丙川英助 【母】甲野梅子 【続柄】長男 【養母】甲野梅子　　　　　　　　　　→ ❶ 【続柄】養子
身分事項 　出　　生	（出生事項省略）
認　　知	（認知事項省略）
養子縁組	【縁組日】平成２６年８月８日 【養父氏名】甲野義太郎　　　　　　　→ ❷ 【養母氏名】甲野梅子 【代諾者】親権者母 【従前戸籍】東京都千代田区平河町一丁目４番地　乙野梅子
親　　権	【親権者を定めた日】平成３０年３月３日 【親権者】養母　甲野梅子 【届出人】養父　甲野義太郎　　　　　❹ 【届出人】養母　甲野梅子
養子離縁	【離縁日】平成３０年３月１３日 【養父氏名】甲野義太郎 【協議者】親権者養母　乙野梅子　　　→ ❸

※　紙戸籍の記載例は，省略します。

(2)　本記載例のポイント

ア　インデックス（❶～❹）から養子離縁届出の際の審査の手法を読み解く

❶【養母】との関連では，養子は養父とのみ離縁しましたので，養父の氏名は消除しますが，養母（＝実母）とは縁組継続中なので，そのまま残ります。紙戸籍の場合は，養父母欄中の養父欄にのみ朱線を施します。

❷縁組事項中の【養父氏名】は，消除しません。紙戸籍の場合も，縁組事項中の養父の氏名に朱線は施しません。縁組したこと自体は誤りではないからです。

❸【協議者】は，養父と養母の協議離婚の際に親権者として定めた養母が，法定代理人として協議離縁の届出人になったことを示します。

73

第5章　養子離縁

養母は実母でもありますが，嫡出子としての地位を優先して考えるべきですから，実母であっても養母としてみることになるため，離婚においては，養父母の離婚に伴い養母を親権者と指定したものと読み解くこととなります。

❹親権事項中の【親権者】と【届出人】に，それぞれ氏名が記録されています。この親権事項の【届出人】については，**事例1**の(2)ア❻（70頁）で説明したところです。

一方，【親権者】にも，資格だけでなく，その氏名も記録されていますが，これは，単に【親権者】養母としただけでは，例えば，養子が転縁組をした場合（養子になった後にさらに他の養母の養子になった場合）などは，どちらの養母か一見では特定し難い場合も生じるため，その氏名までも記録する必要があるとの考え方から記録することにしたものです（平成23年8月19日戸籍標準仕様書調査研究会検討結果による。戸籍誌873号16頁参照）。

なお，養母の氏は，離婚で婚姻前の氏に復していますが，協議離婚と親権者指定の届出は一体ですから，離婚届出に署名した婚姻中の氏で記録します（同研究会検討結果）。

イ　離縁をしても養子が復氏しない場合を理解する

事例1（67頁）の養子離縁と異なり，養子武雄は，養父義太郎の戸籍から除籍されていません。

本事例は，「第4章　養子縁組」**事例2**（59頁）の縁組がなされた後の養子離縁です。実母が婚姻すると同時に，夫と共同で自己の嫡出でない子を養子としたものの，その後，養父と養母（実母）が協議離婚をし，さらにその後，養父と養子が協議による離縁の届出をした事例です。

養子は未成年者ですが，養父母が離婚していますので，養父母双方とともに離縁をする必要はありません。民法第811条の2の本文は，養親が夫婦である場合において未成年者と離縁をするには，夫婦が共に離縁しなければならないとの規定ですから，養父母離婚後は，それぞれ単独で離縁ができるということです。

ところで，養子の離縁後の氏ですが，民法第816条第1項ただし書に

第5章　養子離縁

よれば，配偶者とともに養子をした養親の一方のみと離縁をした場合は，この限りでないとしております。本事例の養子武雄は，養父義太郎とのみ離縁をしていますので，この「ただし書」により，縁組前の乙野の氏には戻らない（復氏しない）ということになります。

復氏しないということは，戸籍の変動がないということになります。つまり，養子は，養父と離縁したことにより，縁組時における養母の氏を称するに至ったことになるのです。

養子は，養父母と縁組し，養父母の氏を称することになったため，養父母の戸籍に入籍しました。その後，養父のみと離縁しましたので，「養父母の氏」から「養母の氏」に変わりました。この養母の氏は，養母が婚姻した後の「甲野」の氏ですから，養父と離縁しても，養母の氏「甲野」の氏を称するに至ったにすぎないことから，縁組前の乙野の氏には復することができないとの考え方によるものです（昭和62・10・1民二5000号通達第2の3⑴参照）。

ウ　養子が養母（実母）の氏を称したいと希望する場合は？

本事例のような場合，実務では，養子が実母である養母の戸籍に入ることを希望する場合，どのようにすればよいかとの相談が多いかと思います。

手続的には，民法第791条第1項及び戸籍法第98条第1項の母（養母）の氏を称する入籍届による手続を踏むことになります。なお，民法第791条第1項に規定する父母とは，実の父母のみとは限らず，養父母も含まれるとの考え方が示されています（昭和23・3・12民事甲5号回答参照）。

③　離縁後も縁組中の氏を称する例外的氏変更について読み解く

以下では，養子縁組期間が引き続き7年以上を経過している養子が，養子離縁届と同時に戸籍法73条の2の届をした場合（民816条2項）の戸籍の記載例から，読み解くべき事項を整理したいと思います。

戸籍法73条の2の届は，基本的に，離縁した養親の氏（いわゆる呼称上

75

第5章　養子離縁

の氏）を離縁後も称するとの届ですから，縁氏続称の届ともいいます。

事例3　縁組期間が７年以上ある養女が，離縁後も縁組中の氏を称したいとして，協議離縁届出と同時に戸籍法73条の２の届出をした場合の記録

(1) 戸籍の記載例

ア　コンピュータ戸籍の記載例

（離縁後の養女の新戸籍）

本　　籍	東京都豊島区東池袋八丁目８０番地	
氏　　名	丙川　梅子	
戸籍事項 　　氏の変更 　　戸籍編製	【氏変更日】平成３３年３月１０日 【氏変更の事由】戸籍法７３条の２の届出 【編製日】平成３３年３月１０日	→ ❶ → ❷ → ❸
戸籍に記録されている者	【名】梅子 【生年月日】昭和６２年５月１日 【父】乙野忠治 【母】乙野春子 【続柄】二女	
身分事項 　　出　　生 　　養子離縁 　　氏の変更	（出生事項省略） 【離縁日】平成３３年３月１０日 【養父氏名】丙川英助 【氏変更日】平成３３年３月１０日 【氏変更の事由】戸籍法７３条の２の届出 【従前戸籍】東京都豊島区東池袋一丁目８００番地　丙川英助	 → ❶ → ❷ → ❹

（離縁後の養父の戸籍中，養女の身分事項欄）※出生事項は省略

養子縁組	【縁組日】平成２６年３月９日 【養父氏名】丙川英助 【従前戸籍】東京都豊島区東池袋八丁目８０番地　乙野忠治	→ ❺
養子離縁	【離縁日】平成３３年３月１０日 【養父氏名】丙川英助	

76

第5章　養子離縁

| 氏の変更 | 【氏変更日】平成３３年３月１０日　　　　　　　→ ❶
【氏変更の事由】戸籍法７３条の２の届出　　　→ ❷
【新本籍】東京都豊島区東池袋八丁目８０番地　→ ❸ |

イ　紙戸籍の記載例

（離縁後の養女の新戸籍中，養女の身分事項欄）

　　平成参拾参年参月拾日養父丙川英助と協議離縁届出㊞

　同日戸籍法七十三条の二の届出東京都豊島区東池袋一丁目八百番地丙川英助戸籍から入籍㊞

↓

　　　　同日　で同時届出と分かる！（別届出なので行を改める。）

（離縁後の養父の戸籍中，養女の身分事項欄）

　　平成参拾参年参月拾日養父丙川英助と協議離縁届出㊞

　同日戸籍法七十三条の二の届出東京都豊島区東池袋八丁目八十番地に新戸籍編製につき除籍㊞

↓

　　　　同日　で同時届出と分かる！（別届出なので行を改める。）

ウ　インデックス❶～❺から戸籍法73条の２の届出の審査の手法を読み解く

　　❶【氏変更日】は，戸籍法73条の２の届出をした日です。離縁後も引き続き縁組中の氏を称したいとして届出をしたものです。３か月以内であれば，いつでも届出ができるし，届出によって効力が生じるので，創設的届出です。当然，同時に届出も可能ということです（戸19条３項）。離縁後の新戸籍には，氏の変更届出の一つであることから，下記❷とともに戸籍事項欄にも記録します（戸規34条２号）。

　　❷【氏変更の事由】は，その根拠条文を明らかにする必要があるため記録します。戸籍システムでは，届書入力の「離縁同時73条の２」から入力します。

　　【離縁日】と上記❶が同日であること，さらに，下記❸の記録から，離縁と同時に届出したものと読み解きます。届出の審査に当たっては，縁組事項の【従前戸籍】の筆頭者の氏と呼称上異なっていること（例え

77

第5章　養子離縁

ば，離縁による復氏後の氏「乙山」と離縁の際の氏「乙山」が同一呼称でないこと。）をしっかり見る必要があります。つまり，本事例の場合，離縁によって復すべき氏も「丙川」の場合は，受理できないのです（昭和63・2・17民二797号通知「改正養子法に関する質疑応答集」問62参照）。

❸【新本籍】は，離縁と戸籍法73条の2を同時に届出する場合は，常に新戸籍を編製する（戸19条3項，昭和62・10・1民二5000号通達第3の2）ことから，その新本籍を定めたことによる記録です。離縁事項を見ると，離縁後の戸籍の記録（【新本籍】又は【入籍戸籍】）がありません。離縁と同時届出の場合は，氏変更後に新戸籍を編製するとしたためです。そのため，届出に際しては，養子離縁届書の「離縁後の本籍」欄には記載せず，戸籍法73条の2の届書の「離縁の際に称していた氏を称した後の本籍」欄に，任意による新本籍と縁組中の氏による養子自身の氏名を筆頭者の氏名として記載します。併せて，戸籍事項欄の❸【編製日】＝❶【氏変更日】から，戸籍法73条の2の氏変更という届出で新戸籍を編製したことを読み解きます。戸籍事項欄への記録は，先に戸籍法73条の2による氏の変更事項を記録します（法定記載例50参照）。この戸籍事項欄での氏の変更事項は，管外転籍した場合の移記事項となります（戸規37条1号参照）。これらの点は，後記戸籍法77条の2の届出でも同じです。

❹【従前戸籍】は，❸とともに戸籍検索機能として必要な記録です。どこの戸籍から入籍したのか，将来相続等のために明らかにする必要があるためです。離縁と同時の場合は，戸籍法73条の2の届書に基づき除籍・新戸籍編製をすることから，氏の変更事項にのみ記録します。

❺【縁組日】から，縁組期間が7年以上であるかを審査することになります（民816条2項）。1日でも足りなければ戸籍法73条の2の届出は受理できません。縁組日の翌日を第1日目として計算します（上記質疑応答集の問60問参照）。本事例の場合は，丁度7年間の縁組期間です。平成26年3月10日を第1日目として計算し，7年後の応当日の前日である平成33年3月9日の終了をもって満了（民141条）となります。よって，平成33年3月10日以降戸籍法73条の2の届出が可能になるということです。届出の前提として縁組期間が要件となっている点が，後記戸籍法77

78

条の２の届出と異なる点です。同条の場合は，婚姻期間を要件としていないからです（民法767条２項には期間の定めがない。）。以上のことから，審査に当たっては，この【縁組日】をしっかり確認する必要があるのです。

エ　15歳未満の者からの戸籍法73条の２の届出は，受理照会する！

　　戸籍法73条の２の届出をするか否か（言い換えれば，離縁の際に称していた氏を称するか否か）は，民法上，法定代理人等が代わって届出をする旨の規定が設けられていないことから，本人が未成年の場合であっても，意思能力を有する限り本人自身が届出をすべきです。

　　戸籍実務においては，15歳以上の者は通常意思能力を有するとしていますが，15歳未満の者から戸籍法73条の２の届出があった場合は，管轄法務局において本人の意思能力の有無を確認をする必要がある（実質的審査権限を行使する必要がある）ため，受理照会することになります（平成27・３・９民一308号通知）。いきなり不受理処分としないよう留意が必要です。

　　なお，前記のとおり，法定代理人が代わって届出ができるとの特別な規定がないので，離縁後の法定代理人から本人に代わって戸籍法73条の２の届出することはできないとされています（昭和62・10・１民二5000号通達第３の１のなお書及び上記質疑応答集問68参照）。

オ　他の氏変更の届出後に，戸籍法73条の２の届出があっても受理できない！

　　離縁の届出時に，養子は必ずしも養親の氏を称しているとは限りません。本事例の場合で言えば，縁組後に養女が夫の氏を称する婚姻の届出をし，その後離婚と同時に戸籍法77条の２の届出をした後，さらに養父と離縁の届出をする場合は，養子は離縁後も引き続き戸籍法77条の２の氏変更の届出によって称した氏を称するとの考え方から，戸籍法73条の２の届出があっても，これを受理することができないとする取扱いとなっているので（平成26・２・26民一187号回答，戸籍誌898号76頁参照）留意が必要です。縁組後養子が氏変更の届出をしている場合は，その後に離縁しても養子は復氏しないとの考え方なのです。

79

第5章　養子離縁

　以上のことから，審査に当たっては，離縁届出時に養親と養子が別戸籍の場合は，縁組後養子が氏変更の届出をしていないか，養子の戸籍（戸籍事項欄）で，しっかり確認する必要があります。

第6章 婚 姻

第6章

婚 姻

① 記録の内容から婚姻について理解する

　実務の上で一番多い問い合わせは，婚姻届ではないでしょうか。必要書類や届書の記入の仕方，届書を土・日に提出できるか，さらに同時に転入の届もしたいができるか等々の問い合わせや相談は，毎日耳にするのではないでしょうか。

　生まれたときの出生の届出は，親がしてくれますが，婚姻届出は自分でしなければならないこと，また，人生の新しい門出ともなるべき届出でもあることから，間違いの無いように書類を整えたいと誰もが思うはずです。担当者としてもその思いで処理に当たりたいと考えるのではないでしょうか。

　戸籍全体の記載例と身分事項欄の婚姻事項の記載例から，何を読み解き，どう理解すれば，いざ婚姻届書の審査を担当した際に少しも慌てることなく対応できるかについて整理し，考えてみたいと思います。

事例1	婚姻後の新本籍地でした婚姻の届出による婚姻事項の記録

⑴ 戸籍の記載例

ア コンピュータ戸籍の記載例

（婚姻後の夫婦の新戸籍）

本　　籍	東京都豊島区東池袋一丁目８００番地	→	❶
氏　　名	甲野　義太郎	→	❷
戸籍事項 　戸籍編製	【編製日】平成２６年８月８日	→	❸

81

第6章 婚　姻

戸籍に記録されている者	【名】義太郎 【生年月日】昭和６０年８月１日　　【配偶者区分】夫→　❹ 【父】甲野幸雄 【母】甲野松子 【続柄】長男
身分事項 　出　　生	（出生事項省略）
婚　　姻	【婚姻日】平成２６年８月８日　　　　　　　　　→　❺ 【配偶者氏名】乙野梅子　　　　　　　　　　　→　❻ 【従前戸籍】東京都千代田区平河町二丁目１０番地 　　甲野幸雄　　　　　　　　　　　　　　　　→　❼
戸籍に記録されている者	【名】梅子 【生年月日】昭和６２年５月１日　　【配偶者区分】妻→　❹ 【父】乙野忠治 【母】乙野春子 【続柄】二女
身分事項 （以下省略）	以下省略

（妻の親元の戸籍中その身分事項欄）

　　　婚　　　姻　　　　　【婚姻日】平成２６年８月８日
　　　　　　　　　　　　　【配偶者氏名】甲野義太郎
　　　　　　　　　　　　　【送付を受けた日】平成２６年８月１２日　　→　❽
　　　　　　　　　　　　　【受理者】東京都豊島区長　　　　　　　　→　❽
　　　　　　　　　　　　　【新本籍】東京都豊島区東池袋一丁目８００番地
　　　　　　　　　　　　　【称する氏】夫の氏　　　　　　　　　　　→　❾

イ　紙戸籍の記載例

　（婚姻後の新戸籍中，戸籍事項欄）※本籍・筆頭者欄は省略　❶　❷
　❸
　　平成弐拾六年八月八日編製㊞
　（婚姻後の新戸籍中，夫の身分事項欄）※名欄・配偶欄等は省略　❹
　❺　　　　　　　　　　　　❻　　　　　　　　❼
　　平成弐拾六年八月八日乙野梅子と婚姻届出東京都千代田区平河町二丁
　目十番地甲野幸雄戸籍から入籍㊞
　（妻の親元の戸籍中，その身分事項欄）
　　　　　　　　　　　　　　　　　　　　　　　❽　　　　　　❽
　　平成弐拾六年八月八日甲野義太郎と婚姻届出同月拾弐日東京都豊島区
　　　　　　　　　　　　　❾
　長から送付同区東池袋一丁目八百番地に夫の氏の新戸籍編製につき除

第6章　婚　姻

籍㊞

(2) 本記載例のポイント

ア　インデックス（❶～❾）から婚姻届出の際の審査の手法を読み解く

❶「本籍」は，❷「氏名（筆頭者の氏名）」とともに婚姻後の夫婦の新しい戸籍の表示となる本籍です。婚姻届書の(4)「婚姻後の夫婦の氏・新しい本籍」欄に記載した新本籍がここに記録されるということです。この新本籍は，架空な地番を設定することはできません。登記簿上の地番か，住居表示に関する法律に基づいて，区画された地域に付けられた符号のいずれかで記録します。

婚姻届書の(4)欄の新本籍については，婚姻により，新戸籍を編製する場合には，届書に新本籍を記載しなければならない（戸30条1項，16条1項柱書）ため，記載のない場合は，婚姻届出を受理できません（戸34条2項）。

❷「氏名」は，婚姻届出で氏を変えなかった夫又は妻が，戸籍の筆頭者として記録されます。日本人同士の婚姻の場合は，民法第750条により，婚姻の効力（効果）として夫又は妻のいずれかの氏を称しなければ（名乗らなければ），婚姻届出自体を受理することができません。夫婦別姓は認められていません。

戸籍法第74条第1号の規定からも，婚姻届書の(4)欄の「夫の氏」か「妻の氏」のどちらかに☑の記載をしなければならないということです。

❸【編製日】は，婚姻後の新戸籍を編製（作成）した年月日が記録されます。本事例は，婚姻後の新本籍地で婚姻届出をしましたので，婚姻届出の日と同じ日に編製したことになります。

❹【配偶者区分】は，婚姻の届出をしたことによって，「夫」という身分を取得した（民739条）ことから記録したものです。妻も同じです。紙戸籍では配偶者欄といいますが，コンピュータ戸籍では，配偶者区分として記録することにしたのです。

❺【婚姻日】は，婚姻届出の日です。婚姻届書を提出（届出）し，受理された日です。民法，戸籍法及び戸籍法施行規則等の法令に反しないことを審査した上で，市区町村長（戸籍事務管掌者）が受理し（民740条），

83

第6章 婚　姻

その結果，婚姻が法律的に成立した日でもあります。

❻【配偶者氏名】は，婚姻した相手である妻の氏名で，婚姻届書の⑴「氏名・生年月日」欄の妻になる人の欄に記載した者の氏名です。氏は，婚姻前の氏で記録します。省略しましたが，妻の婚姻事項についても同じです。

❼【従前戸籍】は，婚姻前の戸籍の表示（本籍＋筆頭者氏名で戸籍の表示という。戸９条）です。婚姻後の氏を夫の氏にし，かつ，夫が既に戸籍の筆頭者の場合は新戸籍は編製しませんが，本事例は，夫が婚姻前は戸籍の筆頭者ではなかったことから新戸籍を編製しましたので，その婚姻前の戸籍を記録したものです。

この従前戸籍の記録は，将来，相続等の手続で親元の戸籍謄本が必要になった際に，当該戸籍を容易に検索できるよう記録することにしたもので，戸籍制度として，いわゆる検索機能を設けたことによる記録なのです。

❽の【送付を受けた日】及び【受理者】は，届書の送付を受けた旨の記録です。二人とも婚姻で新戸籍を編製しましたので，親元の戸籍から除く処理をしなければなりません。二重戸籍は許されないからです。その除籍の記載をするため，婚姻届出を受理した東京都豊島区長は，戸籍法施行規則第26条の規定により，届書の謄本を作成し，夫と妻の従前戸籍（親元戸籍）のある市区町村長に送付します。その送付を受けた（到着した）ことを記録したものです。

❾【称する氏】は，新本籍での筆頭者を明らかにする必要があることから，夫の氏を称する氏として記録したものです。その直上の新本籍では夫となった甲野義太郎が婚姻後の筆頭者であると公示することにより戸籍の検索機能を持たせたのです。

ここでは省略しましたが，妻の親元の戸籍中，本人の氏名欄左の「戸籍に記録されている者」の欄には，［除籍］マークが表示されます。コンピュータ戸籍の場合，システム上，朱線交叉（×）ができないためです。

84

第6章　婚　姻

イ　婚姻届出の性質と届出地

　既に見てきたとおり，婚姻届出による戸籍の記録も，紙戸籍の記載と同じ順序でなされています。

　本事例の婚姻届出は，それが受理されて初めて効力が発生しますので，創設的届出といわれています。また，この婚姻届書は新本籍地に提出されましたが，新本籍地で届出ができるのか疑問があるところです。届出地については，戸籍法第25条で規定されていますが，第１項前段にいう「本籍地」には新本籍地は含まれないと解されています（明治36・4・7民刑163号回答）。一方，後段の規定により戸籍の届出は，届出人の所在地ですることができるとされており，しかも，この届出人の所在地には，一時的に滞在している地も含まれるとの考え方が示されています（明治32・11・15民刑1986号回答）。したがって，その場合には，婚姻届書のその他の欄に「二人の一時滞在地は豊島区……です。」との記載をして届出をすることが認められます。このことから，本事例の場合は，上記のいずれかによって届出がされたものと考えることができます。

ウ　戸籍システムでは届出人の入力欄がない

　届書を受理した後は，戸籍システムで入力しますが，婚姻届の場合は，届出人を入力する欄（箇所）がありません。

　本事例は，創設的婚姻届出であることから，届出人は常に夫及び妻となることは届出の性質上明らかであるから，システム上届出人欄を設けるまでもないとしたものです。

　婚姻は，男女の自由な意思に基づいて届出されるものであり，離婚（調停離婚等の裁判離婚）のように国家等が介入できるものでもありません。

　したがって，婚姻届出の場合，事件本人と届出人は常に同一であると判断できるとの考え方によるものです。

85

第6章 婚　姻

外国籍者との婚姻について理解する

| 事例2 | 外国人男性との婚姻の届出による婚姻事項の記録 |

(1) 戸籍の記載例
ア　コンピュータ戸籍の記載例
（婚姻後の日本人妻の新戸籍）

本　　籍	東京都豊島区東池袋一丁目８００番地 → ❶
氏　　名	乙野　梅子 → ❷
戸籍事項 　戸籍編製	【編製日】平成２６年８月８日
戸籍に記録されている者	【名】梅子 【生年月日】昭和６２年５月１日　【配偶者区分】妻 → ❸ 【父】乙野忠治 【母】乙野花子 【続柄】長女
身分事項 　出　　生 　婚　　姻	（出生事項省略） 【婚姻日】平成２６年８月８日 【配偶者氏名】ファンデンボッシュ，ウェイン → ❹ 【配偶者の国籍】アメリカ合衆国　　　　　　　→ ❺ 【配偶者の生年月日】西暦１９８５年９月５日　→ ❻ 【従前戸籍】東京都千代田区平河町一丁目４番地　乙野忠治

（妻の親元の戸籍中その身分事項欄）

　　　婚　　姻　　【婚姻日】平成２６年８月８日
　　　　　　　　　【配偶者氏名】ファンデンボッシュ，ウェイン
　　　　　　　　　【配偶者の国籍】アメリカ合衆国
　　　　　　　　　【配偶者の生年月日】西暦１９８５年９月５日
　　　　　　　　　【送付を受けた日】平成２６年８月１２日
　　　　　　　　　【受理者】東京都豊島区長
　　　　　　　　　【新本籍】東京都豊島区東池袋一丁目８００番地 → ❼

第6章　婚　姻

イ　紙戸籍の記載例

（婚姻後の新戸籍中，戸籍事項欄）　※**本籍**❶・**筆頭者氏名**❷欄は省略

　　平成弐拾六年八月八日編製㊞

（婚姻後の新戸籍中，妻の身分事項欄）※名欄・**配偶欄**❸等は省略

　　平成弐拾六年八月八日国籍アメリカ合衆国ファンデンボッシュ，ウェ
イン❹（西暦千九百八拾五年九月五日生）❺と婚姻届出東京都千代田区平河
町一丁目四番地乙野忠治❻戸籍から入籍㊞

（妻の親元の戸籍中，その身分事項欄）

　　平成弐拾六年八月八日国籍アメリカ合衆国ファンデンボッシュ，ウェ
イン（西暦千九百八拾五年九月五日生）と婚姻届出同月拾弐日東京都豊
島区長から送付同区東池袋一丁目八百番地に新戸籍編製につき除籍❼㊞

(2)　**本記載例のポイント**

ア　インデックス（❶～❼）から婚姻届出の際の審査の手法を読み解く

　　❶「本籍」は，婚姻により定めた新本籍の記録ですが，その根拠条文
は戸籍法第16条第3項となり，日本人同士の場合（戸16条1項）と異な
ります。この第3項は，昭和60年1月1日施行の国籍法改正に伴い，戸
籍法の一部改正で新設されました。それまでは，外国人と婚姻した日本
人は親の戸籍に在籍したままで，その身分事項欄に婚姻事項が記載され
るだけの取扱いだったのです。

　　現在は，日本人同士の場合と同様，戸籍の筆頭者以外の者が外国人と
婚姻する場合も，婚姻届書に「新本籍」を記載することが必要となりま
す。

　　❷「氏名」には筆頭者の氏名を記録しますが，婚姻した者本人（妻）
が婚姻前の氏で筆頭者となります。日本人同士の場合は，民法第750条
が適用され，夫又は妻のどちらかの氏を称することとなりますが，一方
が外国人の場合は，同法の適用はないとの考え方によるものです（昭和
40・4・12民事甲838号回答）。

　　したがって，婚姻届書には「夫婦が称する氏」（戸74条1項）の記載は
不要ということになります。

　　本事例の乙野梅子が，アメリカ人夫の氏であるファンデンボッシュを

87

第6章 婚 姻

名乗りたいと希望する場合は，別途，「外国人との婚姻による氏の変更届出」（戸籍法107条2項の届出）をすることになります。

❸【配偶者区分】は，日本人同士の婚姻の場合と同じく，相手が外国人であっても，婚姻したことによって妻という身分になりましたので記録します。

❹【配偶者氏名】は，外国人配偶者（夫）の氏名を氏，名の順序で記録します。婚姻届書の(1)の氏名欄に記載された氏，名の順序で記録するということです。

氏と名の区別を付けるため，その間にカンマ（，）を付けます。紙戸籍では，縦書きであり文章的記載であることから，読点（、）で区別します。

コンピュータ戸籍でも，読点（、）で記録されているものも稀に見受けられますが，特段誤りではないと考えます。次に移記する際に（，）で記録すればよいかと考えます（氏と名の区別が分かればよいのですから）。戸籍に記載する文字については，戸籍法施行規則第31条で規定していますが，外国文字を認めていません。つまり，アルファベットやローマ字等による氏名の記録はできないということです。その読み方（よみかた）を，カタカナで氏，名の順序で表記するはかないのです（昭和59・11・1民二5500号通達第4の3参照。）。

一方，届書の氏名欄への記載は，カタカナとともにローマ字表記による記載を求めています（平成24・6・25民一1550号通達で改正された昭和56・9・14民二5537号通達参照。）。ただし，届出人の署名押印欄については，本国文字（ローマ字等）による署名のみでもよいため，気を付けたいところです（外国人ノ署名捺印及無資力証明ニ関スル法律1条）。

❺【配偶者の国籍】は，外国人夫の国籍を記録します。婚姻届書に記載された国籍を記録しますが，これは，日本人妻の相手方である外国人夫を特定するためであり，また同時に，婚姻届出を受理するに際して決定すべき同人の婚姻成立要件の準拠法，すなわち本国法がどこの国であったかを戸籍上公示する必要があることから，記録するものです（戸規36条2項）。

第6章　婚　姻

本国法の決定は，国籍を証する書面の提出又は添付を求めることで行います。戸籍実務では，パスポートも国籍を証する書面の一つとして認めています（平成元・10・2民二3900号通達第1の1(1)イ(イ)①）ので，比較的審査がし易くなっています。

なお，コンピュータ戸籍の場合は，紙戸籍と異なり，先に配偶者の氏名を記録し，その次に配偶者の国籍を記録します。

国籍の表記は，正式名称でなくてもかまいません。例えば，フィリピンは，フィリピン共和国が正式名称ですが，一般名称（略称）であるフィリピンに国を付した「フィリピン国」との表記での記載（記録）でもよいのです（昭和49・2・9民二988号回答及び外務省作成の国名表参照。当区はその表記で記録）。

❻【配偶者の生年月日】は，これも相手方を特定するために記録するものです。外国人であっても，日本人と同様，同姓同名でしかも国籍も同じということは，十分にあり得ることです。紙戸籍では括弧書きで記載されていますが，コンピュータ戸籍では，【特記事項】ではなく【配偶者の生年月日】として記録します。婚姻が継続している限り，婚姻事項は移記事項（戸規39条1項4号）であり，配偶者の生年月日も移記する必要があります。

❼【新本籍】は，妻（夫）となる者が定めた新本籍地を記録したものです（戸16条3項）。親元を婚姻で除籍となったが，その後，どこの戸籍に入籍したかを明らかにする必要があることから，記録するものです（戸規38条）。

前述のとおり，日本人と外国人の婚姻においては，「夫婦の称する氏」は定めませんから，日本人同士の場合とは異なり，【称する氏】の記録はしません。

イ　外国人の婚姻に関する要件（条件）の審査について

アメリカ人夫のファンデンボッシュ，ウェインが，日本人妻の乙野梅子と婚姻届出をし，それが受理されたわけですが，同人について婚姻が有効に成立するための要件等を，どう審査すべきか，しっかり押さえることが肝要です。

89

第6章　婚　姻

　法の適用に関する通則法（以下「通則法」という。）第24条第１項によれば，「婚姻の成立は，各当事者につき，その本国法による。」とあることから，アメリカ人夫については，アメリカ合衆国の法が本国法となり，同法の規定に基づいて婚姻できるかどうかを審査しなければならないということです。

　アメリカ合衆国は，各州により法律が異なる国家です。したがって，その者の属する州法が，婚姻の要件（条件）を審査するための本国法となります（通則法38条３項）（ただし，アメリカ人の場合には反致があります。**(注)**）。

　なお，戸籍制度を持たない諸外国の法律を調査するのは，困難を極めます。そこで，戸籍実務の取扱いは，婚姻しようとする本人に，自国又は自身の属する州の官憲（権限ある官公庁のこと）が発行する「婚姻要件具備証明書」の提出を求めて，婚姻届出の審査をすることとしています（戸規63条，昭和24・５・30民事甲1264号回答）。

　婚姻要件具備証明書とは，文字のごとく，婚姻するための（婚姻を成立させるための）要件（独身や婚姻年齢等の条件）が備わっていることの証明書のことです。

(注)　婚姻の実質的成立要件の準拠法については，通則法は，いわゆる反致を認めています（通則法41条）。ちなみに，アメリカ合衆国の国際私法によれば，婚姻の実質的成立要件の準拠法は，婚姻挙行地の法律によるとされていることから，日本人と米国人が日本で婚姻する場合は，米国人についての実質的成立要件は反致して，日本の法律によることとなる（昭和62・10・２民二4974号回答，『改訂設題解説渉外戸籍実務の処理Ⅱ婚姻編』44頁）ので，注意を要します。

③ 配偶者の氏変更から外国人妻の氏に関する考え方を読み解く

　以下では，日本人夫と婚姻した外国人妻の氏変更について，整理することにします。もちろん，日本人妻と婚姻した外国人夫の場合もありますが，比較的に相談や申出が多い外国人妻の氏変更の記録から，読み取るべき事項について，考えてみたいと思います。

　比較的多いフィリピン人妻の場合と，例外的な取扱いであるブラジル人

90

第6章 婚 姻

妻の場合を事例として，実務における取扱いの考え方を整理することにします。

外国人には，日本の民法第750条の規定（夫婦同氏の原則）は適用されないことについては既に解説しました（87頁参照）。したがって，外国人妻の氏の変更に関する届出は戸籍法上規定はありません。

しかしながら，日本人同士の場合と同様，諸外国でも婚姻の効果（効力）として，夫婦いずれかの氏を称する，又は，いずれかの氏を自分の氏に付加するなどの法制や慣習を持つ国はあり得ることです。日本人夫にしてみれば，夫婦なのだから，同じ氏を称したいと希望するのは，当然考えられるところです。

そこで，例えば，外国人妻の本国法が，婚姻の効果として，妻は①夫の氏を称するか，又は②夫の氏を付加することもできるとの法制を採っている場合に，日本人夫から，外国人妻が本国の法制によりその氏を日本人夫の氏に変更したとして，本国官憲作成の氏変更証明書等を添付して，自己の戸籍に外国人妻の氏名変更の旨の記載の申出を認め，変更後の妻の氏名を戸籍に記載することとしたのです。それが，昭和55年8月27日民二第5218号通達なのです。

次に，妻がブラジル人の場合は，上記本国の証明書を添付することなく，申出を認め，戸籍への記載をするとの例外的取扱いがされています。それが，平成8年12月26日民二第2254号通知です。渉外的な婚姻の届出を審査及び受理する当たり，是非身に付けておきたい先例です。

事例3	婚姻の効果により，フィリピン人妻が日本人夫の氏を自己の氏に付加する結合氏に変更したとして，日本人夫から，配偶者の氏を変更するとの申出と，同籍する夫婦の長女の母欄を更正するとの申出による記録

91

第6章　婚　　姻

(1)　戸籍の記載例

ア　コンピュータ戸籍の記載例

（婚姻後の夫と長女の戸籍）

本　　籍	東京都豊島区東池袋一丁目８００番地
氏　　名	甲野　義太郎
戸籍事項 　　戸籍編製	【編製日】平成２８年１月８日
戸籍に記録されている者	【名】義太郎 【生年月日】昭和６２年５月１日　　　　　　【配偶者区分】夫 【父】甲野忠治 【母】甲野花子 【続柄】長男
身分事項 　　出　　生 　　婚　　姻 　配偶者の氏名変更❶	（出生事項省略） 【婚姻日】平成２８年１月８日 【配偶者氏名】アーティアート，ミラー 【配偶者の国籍】フィリピン国 【配偶者の生年月日】西暦１９９０年３月３日 【従前戸籍】東京都千代田区平河町一丁目４番地　甲野忠治 【記録日】平成２８年１０月５日 【変更後の氏名】アーティアート甲野，ミラー
戸籍に記録されている者	【名】桃子 【生年月日】平成２８年７月２日 【父】甲野義太郎 【母】アーティアート甲野，ミラー 【続柄】長女
身分事項 　　出　　生 　　更　　正❷	（出生事項省略） 【更正日】平成２８年１０月５日 【更正事項】母の氏名 【更正事由】母氏名変更 【従前の記録】 　　　　【母】アーティアート，ミラー

第6章　婚　姻

イ　紙戸籍の記載例

（夫の身分事項欄）

　妻の氏名を「アーティアート甲野，ミラー」と変更平成弐拾八年拾月五日記載㊞

↓

　訂正ではないので，婚姻事項中の妻の氏名には朱線せず追加で記載！

（長女の身分事項欄）

　母の氏名変更につき平成弐拾八年拾月五日母欄更正㊞

↓

　母欄の氏名に朱線を施し，脇に変更後の氏名を氏，名の順に記載！

⑵　**タイトルの❶と❷から読み解くべき事項**

ア　市区町村長限りの職権で記載及び更正できること

　　前掲5218号通達は，外国人と婚姻した日本人配偶者から，その戸籍の身分事項欄に外国人たる配偶者の氏名変更の旨の記載及び変更後の氏名は日本人たる配偶者の氏（漢字）を用いて表記されたい旨の申出があったときは，これを認め，変更後の氏名を記載する取扱いをすることとしています。なお，同通達の解説によれば，「外国人については，その氏と名とを分解せず，その全体を一つのものとしてとらえ」るとの考え方が示されている（戸籍誌433号10頁上段参照）ことから，タイトルを『配偶者の氏変更』とせず，『配偶者の氏名変更』としています。

　　婚姻事項の【配偶者の氏名】を更正するわけではなく，追加で記録（記載）します。婚姻時における外国人配偶者の氏名の表記は正当であるためです。そのため，日本人夫が管外に転籍の届出をした場合は，婚姻が継続する限りこのタイトルは移記事項となり，【変更後の氏名】のみを移記することになります。

　　❷のタイトルは，日本人の氏変更の場合と同様，母欄の氏名を変更後の氏名に更正します。母欄に追加の形で変更後の氏名は記録できません（追加記録すると母が２人になってしまう。）。変更前の氏名は誤りではありませんから，更正のタイトルで処理するのです。

　　以上の処理を，市区町村長限りの職権で記載及び更正して差し支えな

93

第6章　婚　姻

いとの取扱いです。氏名の変更は，重要な事項です。また，戸籍法に規定のある届出ではありませんから，本来は申出後に管轄法務局の許可を得て更正すべきですが，外国人配偶者（妻）の同一性等に特段の疑義がなければ，職権で処理できるとの考え方によるものです。

なお，フィリピン国における婚姻による氏の変更については，レジストラーブック129『設題解説渉外戸籍実務の処理Ⅶ』412頁を参照ください。

イ　戸籍システムでは受附帳の件名に職権記載がないこと

戸籍システムにおいては，❶と❷の入力処理は別々に行います。事前に２つの受理番号を確保します（連番で確保）。タイトルが異なりますから，❶は訂正の画面から，❷は更正の画面から入力します。そのため，❶の配偶者の氏名変更の受附帳（戸籍システム上は，受付帳）の件名が，「訂正（市区町村長の職権）」となります。「記載（市区町村長の職権）」との件名はありません。

ウ　本事例の申出書に添付する書類について

前掲5218号通達では，「本国法に基づく効果として日本人たる配偶者の氏をその姓として称していることを認めるに足りる権限ある本国官憲の作成した証明書等が提出されたときは」としているだけで，具体的な書面について言及していません。実務では，次の書類で審査ができれば，受理し記載ができます。

↓

①　氏名変更前と氏名変更後のパスポート（写し）。

②　日本人夫の姓（氏）を称する又は称しているとの証明書。

③　②に代えて，在日大使館・領事館が認証した夫の氏を名乗る規定がある本国の法文の写し。

④　①～③の日本語の訳文（訳者明記）。

なお，本事例のフィリピン国の場合は，日本側としてフィリピン国の法制を知り得ていますので，①と④の添付をもって受理し記載をしています（外国人妻の本国法制が分かっている場合は，法文の写しの添付は省略できる（つまり，氏名変更後のパスポートで差し支えない）との先例（昭和

94

第6章　婚　姻

　55・9・11民二5397号回答）がある。)。

| 事例4 | ブラジル人妻との婚姻届出とともに，日本人夫から妻の氏名を変更するとの申出による記録 |

⑴　戸籍の記載例

ア　コンピュータ戸籍の記載例

（婚姻後の夫の戸籍）

本　　　籍	東京都豊島区東池袋一丁目８００番地
氏　　　名	甲野　義太郎
戸籍事項 　戸籍編製	【編製日】平成２８年８月８日
戸籍に記録されている者	【名】義太郎 （生年月日欄から出生事項は省略）
婚　　　姻	【婚姻日】平成２８年８月８日 【配偶者氏名】オリベイラ，マリア 【配偶者の国籍】ブラジル国 【配偶者の生年月日】西暦１９８８年９月５日 【従前戸籍】東京都千代田区平河町一丁目４番地　甲野忠治
配偶者の氏名変更	【記録日】平成２８年８月８日 【変更後の氏名】オリベイラ甲野，マリア

イ　紙戸籍の記載例

　（夫の身分事項欄）

　　妻の氏名を「オリベイラ甲野，マリア」と変更平成弐拾八年八月八日記載㊞

　　　　　　　　　↓
　　婚姻事項の後に行を改めて記載！

⑵　インデックス【婚姻日】＝【記録日】から読み解くべき事項

　本事例の場合は，婚姻日と記録日が同じ日になっていることに注目します。

　妻がブラジル人の場合は，婚姻後の氏を日本側で先に証明しないと，ブ

95

第6章 婚　姻

ラジル国では婚姻後の氏を登録できないとの特別な事情を考慮して，例外的な取扱いを認めたものです。そのため，日本人夫からの申出に際し，前掲5218号通達でいうところの夫の氏を称しているとの証明書の添付を要しないのです。

　婚姻届出に際し，届書の「その他」の欄に「ブラジル人妻が氏名を『オリベイラ甲野，マリア』と変更するため，その旨を記載する申出をします。」とする記載をしたものです。当然に，別紙による申出書を同時に提出してもよいのです。

　なお，日本人妻と婚姻したブラジル人夫の場合も，同じ取扱いが認められていいます（平18・2・3民一290号通知）。

　また，戸籍システムにおいては，婚姻の入力画面で配偶者の氏名変更の記録はできません。別番号を確保し，婚姻の記録をした後（決裁後）に，訂正の画面から入力します。氏名変更の事項が移記事項となるのは**事例3**（91頁）に同じです。

第7章　離　婚

第7章

離　婚

① 記録の内容から離婚について理解する

　婚姻の解消は，一旦有効に成立した婚姻が終了することを言い，夫婦の一方の死亡（これに準ずる失踪宣告―民30条・31条）と離婚があります。また，離婚には，協議による離婚と裁判による離婚があり（民763条，770条，戸76条，77条），さらに後者の離婚には，調停・審判・和解・認諾・判決による離婚の5種類があります（家事257条，274条，284条1項，民訴267条，人訴2条，37条1項）。戸籍の届出としては，協議による離婚の届出が多数を占めます。

　離婚届の審査上注意すべき点はいくつかありますが，離婚に伴う氏の変動や，離婚後の戸籍がどのように変動するかは重要なポイントであり，うっかりすると誤った状態のまま受理してしまうことがありますので，法的根拠を理解し，婚姻中の夫婦の戸籍をすべて読み込みながら審査することが必要です。

　離婚の場合は，必ずしも夫婦だけの問題ではありません。例えば，夫婦の間に未成年の子がいる場合は，親権をどちらが持つかという指定の問題があります。

　したがって，離婚届書の審査に当たっては，未成年者がいるかどうかも，夫婦の戸籍で（本籍地の場合は検索画面で）しっかり確認する必要があるのです。

事例1	夫婦の本籍地でした協議離婚の届出による離婚事項の記録

97

第7章　離　　婚

(1)　戸籍の記載例

ア　コンピュータ戸籍の記載例

（離婚後の夫婦の戸籍）

本　　籍	東京都豊島区東池袋一丁目８００番地
氏　　名	甲野　義太郎
戸籍事項 　戸籍編製	【編製日】平成２６年８月８日
戸籍に記録されている者	【名】義太郎 【生年月日】昭和６０年８月１日　　　　　　❶ 【父】甲野幸雄 【母】甲野松子 【続柄】長男
身分事項 　出　　生 　婚　　姻 　離　　婚	（出生事項省略） 【婚姻日】平成２６年８月８日 【配偶者氏名】乙野梅子 【従前戸籍】東京都千代田区平河町二丁目１０番地　甲野幸雄 【離婚日】平成３０年９月１０日　　　　　　→　❷ 【配偶者氏名】甲野梅子　　　　　　　　　　→　❸
戸籍に記録されている者 　除　籍　※	【名】梅子 【生年月日】昭和６２年５月１日　　　　　　❶ 【父】乙野忠治 【母】乙野春子 【続柄】二女
身分事項 　出　　生 　婚　　姻 　離　　婚	（出生事項省略） 【婚姻日】平成２６年８月８日 【配偶者氏名】甲野義太郎 【従前戸籍】横浜市中区本町一丁目８番地　乙野忠治 【離婚日】平成３０年９月１０日　　　　　　→　❷ 【配偶者氏名】甲野義太郎　　　　　　　　　→　❸ 【新本籍】横浜市中区本町一丁目８番地　　　→　❹

第7章　離　婚

戸籍に記録されている者	【名】桃子
	【生年月日】平成２８年７月２日 【父】甲野義太郎 【母】甲野梅子 【続柄】長女
身分事項 　　出　　生	（出生事項省略）
親　　権	【親権者を定めた日】平成３０年９月１０日 【親権者】母 【届出人】父母　　　　　　　　　　　　　　　　　❺

（離婚後の妻の新戸籍）

本　　籍	横浜市中区本町一丁目８番地　　　　　　　　　　→　❻
氏　　名	乙野　梅子
戸籍事項 　　戸籍編製	【編製日】平成３０年９月１５日　　　　　　　　　→　❼
戸籍に記録されている者	【名】梅子
	【生年月日】昭和６２年５月１日 【父】乙野忠治 【母】乙野春子 【続柄】二女
身分事項 　　出　　生	（出生事項省略）
離　　婚	【離婚日】平成３０年９月１０日 【配偶者氏名】甲野義太郎 【送付を受けた日】平成３０年９月１５日　　　　→　❼ 【受理者】東京都豊島区長 【従前戸籍】東京都豊島区東池袋一丁目８００番地　甲野義太郎　　　　　　　　　　　　　　　　　　　　　→　❽

※紙戸籍の記載例は省略しますが，異なる点に絞って(2)で解説します。

(2)　**本記載例のポイント**

ア　インデックス（❶～❽）から協議離婚届出の際の審査の手法を読み解く

　　❶は，婚姻中は【配偶者区分】の記録箇所でしたが，離婚しましたの

99

第7章　離　婚

で，空白となります。紙戸籍は，縦の朱線で夫，妻の文字を消しますが，戸籍システムでは，インデックスごと消すこととなります。なお，戸籍システムでは，特段の処理は必要なく，通常に入力することで，自動的に【配偶者区分】は消除されます。

❷【離婚日】は，協議離婚の届出の日です。離婚の種別を協議離婚として提出し，民法及び戸籍法等の法令に反しないことを審査した上で，戸籍事務管掌者に受理された（民765条）ことにより離婚が成立した日です。

なお，協議離婚の場合は，【届出日】【届出人】のインデックスはありません。協議離婚は，届出（受理）により効力が発生することから，その成立日と届出日は必ず一致することとなり，その日付が【離婚日】として記録されることとなるのです。また，必ず夫と妻が届出人になるため「届出人」をあえて記録する必要もないのです。

❸【配偶者氏名】は，離婚届書の(1)「氏名」欄に記載された氏名で記録します。協議離婚届は，受理されて初めて効力が発生する創設的届出ですから，婚姻中の氏名で記録することになるのです。

紙戸籍の場合の記載例は，「平成参拾年九月拾日妻梅子と協議離婚届出……」と氏の記載がされていませんが，これは，戸籍面上で離婚の際の氏（＝婚姻中の氏）は十分読み取れるため，事務の簡素化の観点から省略されたものです。一方，コンピュータ戸籍では，省略することなく氏名で記録することとなります。

❹【新本籍】は，妻からの申出によって新設された離婚後の本籍です（戸19条１項ただし書）。筆頭者の氏名が記録されていませんが，民法767条１項により婚姻前の氏（旧姓）に戻ることから，婚姻前の氏で妻自身が戸籍の筆頭者になったことは十分読み取れることから，新本籍のみの記録となります。そのため，インデックスも【新戸籍】ではなく【新本籍】となるのです。

妻の婚姻前の氏は，夫の婚姻事項の【配偶者氏名】で分かりますし，また，妻の婚姻事項の【従前戸籍】の筆頭者の氏からも読み取れます。

❺「親権」は，離婚する夫婦に未成年者がある場合には，民法819条

第7章 離 婚

1項により，その夫婦の協議でどちらが親権者になるかを定め（指定）なければならないことから，本事例では，母（妻）を親権者と定める旨の親権者指定の届出を父母（夫婦）がしたと読み解きます。

つまり，協議離婚届出に，協議による親権者指定の届出が内在しているのです。【離婚日】と【親権者を定めた日】は同日となるのです。よって，親権者の指定の記載がない協議離婚届出は受理できないことになります（戸76条）。

紙戸籍では，親権の記載例が「平成参拾年九月拾日親権者を母と定める旨父母届出㊞」としていますが，コンピュータ戸籍では【親権者を定めた日】として記録することになります。

❻「本籍」「氏名」は，離婚届書の「婚姻前の氏にもどる者の本籍」欄に，妻が記載した新しい本籍地と婚姻前の氏（旧姓）を記録したものです。新本籍地の地番については，審査の際に電話で照会した上で受理しています。

❼【編製日】と【送付を受けた日】が同日になっています。離婚届出を受理した東京都豊島区長から送付された離婚届書謄本に基づき，横浜市中区長が乙野梅子の離婚による新戸籍を編製（作成）したことを読み解きます。

❽【従前戸籍】は，離婚の前の戸籍の所在を明らかにするための検索機能を持ちます。例えば，将来，梅子の相続が開始した場合に，婚姻中に子がいたかどうか等相続人を特定する場合にも必要となってくる記録なのです。

※ 除籍 は，その戸籍から除籍されたことを示すもので，紙戸籍では名欄に朱線交叉をしますが，コンピュータ戸籍では， 除籍 のマークでその旨を表示します。

夫甲野義太郎は，離婚しても戸籍の変動がありませんが，これは，婚姻で筆頭者になったことから，分籍の効力を認めるとの考え方によるものです（髙妻新『最新体系戸籍用語事典』日本加除出版，418頁参照）。

101

第7章 離　婚

記録の内容から裁判離婚について理解する

事例2	夫婦の本籍地で夫がした調停離婚の届出による離婚事項の記録

(1) 戸籍の記載例

ア　コンピュータ戸籍の記載例

（離婚後の夫婦の戸籍）

本　　籍	東京都豊島区東池袋一丁目800番地
氏　　名	甲野　義太郎
戸籍事項 　　戸籍編製	【編製日】平成26年8月8日
戸籍に記録されている者	【名】義太郎 【生年月日】昭和60年8月1日 【父】甲野幸雄 【母】甲野松子 【続柄】長男
身分事項 　　出　　生 　　婚　　姻 　　離　　婚	（出生事項省略） 【婚姻日】平成26年8月8日 【配偶者氏名】乙野梅子 【従前戸籍】東京都千代田区平河町二丁目10番地　甲野幸雄 【離婚の調停成立日】平成30年9月10日　　→　❶ 【配偶者氏名】甲野梅子　　　　　　　　　→　❷ 【届出日】平成30年9月19日　　　　　　→　❸
戸籍に記録されている者 　　除　　籍	【名】梅子 【生年月日】昭和62年5月1日 【父】乙野忠治 【母】乙野春子 【続柄】二女
身分事項 　　出　　生	（出生事項省略）

102

第7章　離　婚

婚　　　姻	【婚姻日】平成２６年８月８日 【配偶者氏名】甲野義太郎 【従前戸籍】神奈川県横浜市中区本町一丁目８番地　乙野忠治	
離　　　婚	【離婚の調停成立日】平成３０年９月１０日	→　❶
	【配偶者氏名】甲野義太郎	→　❷
	【届出日】平成３０年９月１９日	→　❸
	【届出人】夫	→　❹
	【入籍戸籍】神奈川県横浜市中区本町一丁目８番地 　　　　乙野忠治	→　❺
戸籍に記録されている者	【名】桃子 【生年月日】平成２８年７月２日 【父】甲野義太郎 【母】甲野梅子 【続柄】長女	
身分事項 　出　　　生	（出生事項省略）	
親　　　権	【親権者を定められた日】平成３０年９月１０日 【親権者】母	｝❻

（離婚後の妻の戸籍（＝婚姻前の親元の戸籍））

本　　　籍	神奈川県横浜市中区本町一丁目８番地	
氏　　　名	乙野　忠治	
〜〜〜〜〜〜〜〜	〜〜〜〜〜〜〜〜〜〜〜〜〜〜〜〜〜〜	
戸籍に記録されている者	【名】梅子 【生年月日】昭和６２年５月１日 【父】乙野忠治 【母】乙野春子 【続柄】二女	
身分事項 　出　　　生	（出生事項省略）	
離　　　婚	【離婚の調停成立日】平成３０年９月１０日	→　❶
	【配偶者氏名】甲野義太郎	→　❷
	【届出日】平成３０年９月１９日	→　❸
	【届出人】夫	→　❹
	【送付を受けた日】平成３０年９月２５日	→　❼
	【受理者】東京都豊島区長	→　❼
	【従前戸籍】東京都豊島区東池袋一丁目８００番地 　　　　甲野義太郎	→　❽

103

第7章　離　婚

(2)　本記載例のポイント

ア　インデックス（❶～❽）から調停離婚届出の際の審査の手法を読み解く

❶【離婚の調停成立日】は，家庭裁判所において調停による離婚が成立した日のことです。夫婦の協議による離婚ができない場合に，どちらかが家庭裁判所に申立てをして成立させた離婚です。

調停とは，お互いの話し合いで決着がつかない場合に，国家機関である家庭裁判所が仲立ちをして，相互の合意を導き出し，円満に解決するための手段です。この調停という手段で解決した場合は，離婚が成立し，その効力は判決が確定した場合と同一とされています（家事268条1項）。

民法の規定によって，家庭裁判所に離婚の訴えを提起することができますが（民770条），いきなり判決を出してもらうことはできません。できるだけ当事者の合意を取り付ける必要性から，先に調停の申立てをしなければなりません（家事257条1項）。

調停という手段及び手続を成立させたことで夫婦が離婚したことになったことから，紙戸籍の記載は「**年月日夫何某と離婚の調停成立～**」とし，コンピュータ戸籍では【離婚の調停成立日】のインデックスにしたのです。

❷【配偶者氏名】は，協議離婚の場合と同じく婚姻中の氏名で記録します。

❸【届出日】は，離婚調停の成立後，10日以内に届出したことによる記録です。ちょうど10日目に届出したことが分かります。協議離婚と異なり，報告的届出の性質のため期限があります。

❹【届出人】は，裁判離婚の場合，訴えを提起した者が届出の義務を負いますが，調停の場合は，調停を申立てた者が届出します（戸77条，63条）。本事例は，夫が調停の申立てをして離婚を成立させましたので，届出義務者である夫が届出したことが分かります。

❺【入籍戸籍】は，婚姻で氏を改めた妻が婚姻前の親元の戸籍に戻ったことを示した記録です。婚姻によって氏を改めた者が離婚によって婚姻前の氏（旧姓）に戻る場合は，婚姻前の戸籍に入るとの原則によって（民767条1項・771条，戸19条1項本文）記録されたものです。

104

第7章　離　婚

　妻は離婚届の届出人ではありませんので，離婚後の自分の戸籍の選択（親元に戻るか新戸籍を編製するか）ができません。といって，夫が勝手に妻の新しい本籍を定めることは認められていません。したがって，原則によって妻を婚姻前の親元の戸籍に戻すとの離婚届書の記載によって記録されたものです。

　本事例の離婚届出を審査する際は，親元の本籍地に電話で戻れるかどうかを確認した上で受理します。

　しかし，戻るべき妻の親元の戸籍が，死亡等により戸籍の在籍者全員が除籍され，戸籍自体も除籍となっている場合は，妻はその戸籍に戻れません。この場合は，戸籍法第30条第３項の「届出人でない者について新戸籍を編製すべきときは，その者の従前の本籍と同一の場所を新本籍と定めたものとみなす。」という規定を適用するほかありません。つまり，親元と同じ所番地に妻の新戸籍を編製させるほかないのです（もっとも，届出人でない妻は，夫が提出する離婚届書の「その他」欄に新本籍及び新戸籍編製の旨を記載して届け出ることが認められています（昭和53・7・22民二4184号通達）が，例外的取扱いというべきものです。）。仮に，現在はもう存在しない番地となってしまっていても，同項の「みなす」との規定によって，その番地を新本籍とするということです。後日，妻が自身の戸籍謄本等の交付を受ける場合に，容易に自分の本籍地を察知できるようにとの配慮の規定なのです。

　❻【親権者を定められた日】と【親権者】は，夫婦に未成年者がいる場合は，調停においてどちらかを親権者に定めなければならない（民819条２項）ことから，離婚と併せて親権者も調停の場で指定され，その指定された母が離婚後の未成年者の親権者となった記録です。

　したがって，【親権者を定められた日】と【離婚の調停成立日】は同じ日となります。

　❼【送付を受けた日】と【受理者】は，東京都豊島区長が受理した調停離婚届書の謄本を，横浜市中区長あてに送付し（戸規26条），その謄本が到着した日を示しています。

　❽【従前戸籍】は，離婚の前に妻が在籍した戸籍を示しています（事

105

第7章　離　婚

例1（101頁）参照）。

イ　添付書類について

　裁判離婚の場合は，戸籍法第77条で同法第63条を準用していますので，家庭裁判所からの裁判書の謄本を添付することになっています。本事例の場合は，裁判書である調停調書の謄本を添付して報告的離婚届出をしなければならないということです。

　一方，離婚の調停が成立した場合は，家事事件手続規則第130条第2項で，家庭裁判所の書記官が本籍地の市区町村長（戸籍事務管掌者）あてに通知することになっています。通常，通知には調停調書の謄本が添付されています。

　本事例の場合において，夫がうっかり調停調書の謄本を忘れたとしても，届出地である本籍地に上記通知が送付されている場合は，同通知から離婚の調停成立が審査できることから，離婚届出を不受理とせず，同通知の謄本を作成し，添付することで受理することができる（昭和33・8・6民事甲1586号回答参照）ことも知っておきましょう。

③　離婚後も婚姻中の氏を称する例外的氏変更について読み解く

　離婚の応用編は，比較的件数の多い離婚同時戸籍法77条の2の届出による記載例から読み解くべき事項について，考えてみたいと思います。

　戸籍法77条の2の届出は，届書においては「離婚の際に称していた氏を称する届」ですが，戸籍への記録は，タイトルを「氏の変更」とし，インデックスにおける氏変更の事由を「戸籍法77条の2の届出」として記録します。

　離婚の際に称していた氏とは，婚姻中の氏であることから，別名を「婚氏続称の届」ともいいます。

　民法767条1項において，婚姻によって氏を改めた者は，離婚によって婚姻前の氏に復する旨を定めていますので，民法上は旧姓に戻ることになります。しかし，同条2項では，離婚の日から3か月以内であれば戸籍法の定める届出によって，婚姻中の氏を称することができる旨を規定してい

第7章 離　婚

ます。この規定を受けて戸籍法に設けられた規定が，戸籍法77条の２なのです。

　したがって，戸籍法77条の２の届出は，氏変更に関する届出であり，離婚による復氏者であっても婚姻中の氏を称し，かつ，３か月以内であれば家庭裁判所の氏変更の許可を要しないことから，氏変更の原則を定めた戸籍法107条１項の例外規定でもあるといえます。

　以上のことから，77条の２の届出は，民法上は旧姓に復しているが，例外として婚姻中の氏を名乗れるとの両面性がありますので，併せて，民法上の氏と呼称上（戸籍法上）の氏の読み解きについても整理したいと思います。

事例3	夫の氏を称する妻が，夫との協議離婚の届出と同時に戸籍法77条の２の届出をした場合の記録

(1)　戸籍の記載例

ア　コンピュータ戸籍の記載例

（離婚後の夫婦の戸籍）

本　　　籍	東京都豊島区東池袋一丁目８００番地
氏　　　名	甲野　義太郎
戸籍事項 　　戸籍編製	【編製日】平成２６年８月８日
戸籍に記録されている者	【名】義太郎 （生年月日欄以降省略）
戸籍に記録されている者 除　　籍	【名】梅子 【生年月日】昭和６２年５月１日 【父】乙野忠治 【母】乙野春子 【続柄】二女
身分事項 　　出　　生	（出生事項省略）

107

第7章　離　婚

婚　　　姻	【婚姻日】平成２６年８月８日 【配偶者氏名】甲野義太郎 【従前戸籍】横浜市中区本町一丁目８番地　乙野忠治
離　　　婚	【離婚日】平成３０年９月１０日 【配偶者氏名】甲野義太郎
氏の変更	【氏変更日】平成３０年９月１０日　　　　　→　❶ 【氏変更の事由】戸籍法７７条の２の届出　→　❷ 【新本籍】横浜市中区本町一丁目８番地　　→　❸

（離婚後の妻の新戸籍→離婚届と同時に戸籍法77条の2の届出をした場合の戸籍）

本　　　籍	神奈川県横浜市中区本町一丁目８番地
氏　　　名	甲野　梅子
戸籍事項 　氏の変更 　戸籍編製	【氏変更日】平成３０年９月１０日　　　　　→　❶ 【氏変更の事由】戸籍法７７条の２の届出　→　❷ 【編製日】平成３０年９月１５日　　　　　→　❹
戸籍に記録されている者	【名】梅子 【生年月日】昭和６２年５月１日 【父】乙野忠治 【母】乙野春子 【続柄】二女
身分事項 　出　　生 　離　　婚 　氏の変更	（出生事項省略） 【離婚日】平成３０年９月１０日 【配偶者氏名】甲野義太郎 【氏変更日】平成３０年９月１０日　　　　　→　❶ 【氏変更の事由】戸籍法７７条の２の届出　→　❷ 【送付を受けた日】平成３０年９月１５日　→　❹ 【受理者】東京都豊島区長　　　　　　　　→　❺ 【従前戸籍】東京都豊島区東池袋一丁目８００番地　甲野義太 　　郎　　　　　　　　　　　　　　　　　→　❻

イ　紙戸籍の記載例（※新戸籍の記載例は省略します。）

　（離婚後の夫婦の戸籍中，妻の身分事項欄）

　　平成参拾年九月拾日**夫義太郎**と協議離婚届出㊞

　　　　　　　↓

　　同籍なので夫の氏は省略！（コンピュータでは氏と名は切り離せない）

108

第7章　離　婚

同日戸籍法七十七条の二の届出横浜市中区本町一丁目８番地に新戸籍
編製につき除籍㊞

↓

同日　で同時届出と分かる！（戸籍法73条の２の場合と同じ）

ウ　インデックス❶～❻から戸籍法77条の２の届出の審査の手法を読み
　解く

　❶【氏変更日】は，戸籍法77条の２の届出をした日です。離婚後も引
き続き婚姻中の氏を称したいとして届出したものです。３か月以内であ
れば，いつでも届出ができますので，創設的届出です。当然，離婚届と
同時に届出も可能ということです（戸19条３項）。実務では，夫婦間の未
成年の子の親権者となった妻が，子と氏を異にすることを希望しない場
合に多く見受けられます。

　離婚後の新戸籍には，氏の変更届出の一つであることから，下記❷と
ともに戸籍事項欄にも記録します（戸規34条２号）。

　❷【氏変更の事由】は，氏変更の例外規定による届出であることから，
その根拠条文を明らかにする必要があるため記録します。戸籍システム
では，届書入力の「離婚同時77条の２」から入力します。

　【離婚日】と上記❶が同日であること，さらに，下記❸の記録から，
離婚と同時に届出したものと読み解きます。

　届出の審査に当たっては，婚姻事項の【従前戸籍】の筆頭者の氏と離
婚の際の氏が異なっていることをしっかり見る必要があります（例えば，
婚姻前の氏が，「加藤」で，離婚の際の氏が「加藤」である場合は，届出がで
きないため。）。父母欄の氏と異なるからと安易に判断しないよう留意が
必要です。つまり，本事例の場合，離婚によって復すべき氏も「甲野」
の場合は，受理できないのです（昭58・4・1民二2285号通達二）。

　❸【新本籍】は，離婚と戸籍法77条の２を同時に届出する場合は，常
に新戸籍を編製する（戸19条３項，昭51・5・31民二3233号通達一の２）
ことから，その新本籍を定めたことによる記録です。離婚事項を見ると，
離婚後の戸籍の記録（【新本籍】又は【入籍戸籍】）がありません。離婚と
同時届出の場合は，氏変更後に新戸籍を編製するとしたためです。その

109

ため，届出に際しては，離婚届書の「婚姻前の氏にもどる者の本籍」欄には記載せず，戸籍法77条の2の届書の「離婚の際に称していた氏を称した後の本籍」欄に，任意による新本籍と婚姻中の氏による妻自身の氏名を筆頭者の氏名として記載したものです。

❹【送付を受けた日】と❺【受理者】は，離婚事項には記録せず，戸籍法77条の2の氏の変更事項にのみ記録します。離婚の届書も送付を受けていますが，新本籍の記載は戸籍法77条の2の届書に記載しており，そこに記載された新本籍地で新戸籍を編製すべきとして送付されたためです。したがって，離婚の届書が送付されたのも平成30年9月15日であり，離婚届出の受理者も東京都豊島区長であると読み解くのです。

併せて，戸籍事項欄の❹【編製日】から，送付を受けた日で新戸籍を編製したものであることを読み解きます。戸籍事項欄への記録は，先に戸籍法77条の2による氏の変更事項を記録します（法定記載例93参照）。この戸籍事項欄での氏の変更事項は，管外転籍した場合の移記事項となります（戸規37条1号）。

❻【従前戸籍】は，❸とともに戸籍検索機能として必要な記録です。どの戸籍から来たのか，将来相続等のために明らかにする必要があるためです。離婚と同時の場合は，戸籍法77条の2の届書にも離婚前の本籍と筆頭者の氏名を記載することから，❹，❺と同様，氏の変更事項にのみ記録します。

エ　氏の変更事項から民法上の氏と呼称上の氏を読み解く

婚姻，養子縁組，そして離婚などの身分行為によって定められた氏が民法上の氏です。それらの行為の届出によって戸籍の記載がされた場合は，その民法上の氏が呼称上の氏でもあります。

戸籍法77条の2の届出は，民法767条2項の委任を受けた氏変更の届出でもあるといえます。婚姻届出によって氏を改めた妻が，離婚によって婚姻前の旧姓に戻るのは社会生活上種々の支障があるとした場合に，離婚から3か月以内であれば婚姻中の氏に変更できるとの届出です。

本事例の妻は，民法767条1項で，離婚により法律上は旧姓に戻ったことになります。旧姓の「乙野」が民法上の氏ということです。しかし，

第7章　離　婚

実社会では戸籍に記載された氏が通用しますから，戸籍法77条の2の届出は本人の社会生活などの利便を考慮して，戸籍に記載された氏を婚姻中の氏に変えるための届出であることから，妻にとっては婚姻中の氏は呼称上の氏でしかないことになります。つまり，同届出によって，呼称上の氏に民法上の氏が潜在している状態になったのです。

　以上から，本事例の妻は，民法上の氏と呼称上（戸籍法上の氏ともいう。）の氏の2つの氏を持ったことになると読み解くのです。

第8章　親権・未成年後見

第8章

親権・未成年後見

① 記録の内容から嫡出でない子の親権者指定について理解する

　親権は，未成年者に代わって権利義務の行使をし，未成年者を保護する制度です。未成年後見は，親権者が死亡や行方不明等で親権を行使することができない場合に，親権者に代わって親権を行使し，未成年者を保護する制度です。

　親権者を指定する場合や，未成年後見人が指定された場合は，届出が必要です。

　未成年者に代わって，財産の管理や，身分行為の際の法定代理人になりますから，誰が親権者に指定されたか，誰が未成年後見人に指定されたかを戸籍に公示（記録）する必要があるのです。

　離婚では，共同親権者であった父母の離婚に伴う親権者指定について解説しましたが，ここでは，父が認知した嫡出でない子の親権者指定と，父が遺言でした未成年後見人指定について，整理してみました。

事例1	嫡出でない子を父が認知し，その後，父母の協議で父を親権者に指定する旨の届出による親権事項の記録

⑴　戸籍の記載例

ア　コンピュータ戸籍の記載例

（子の身分事項欄→嫡出でない子なので母の戸籍に在籍）

出　　　生	（出生事項省略）
認　　　知	【認知日】平成２８年２月２日 【認知者氏名】甲野義太郎 【認知者の戸籍】東京都千代田区平河町一丁目１００番地 　　甲野義太郎

112

第8章　親権・未成年後見

親　　権	【親権者を定めた日】平成２８年８月８日	→	❶
	【親権者】父	→	❷
	【届出人】父母	→	❸

イ　紙戸籍の記載例

（子の身分事項欄→母と同籍）

　　❶平成弐拾八年八月八日親権者を父と定める旨❸父母届出㊞

(2)　**本記載例のポイント**

ア　インデックス（❶〜❸）から親権者指定届出の際の審査の手法を読み解く

　　❶【親権者を定めた日】は，民法第819条第４項及び戸籍法第78条に基づいて，父母の協議で親権者を父と定める届出をしたことによる記録（記載）です。父母の協議で親権者を父と定めるとする届出をし，それが受理された日ということです。

　　したがって，この親権者指定届出は，創設的届出ということになります。

　　嫡出でない子の親権者は母です（民819条４項）が，父の認知がある場合は，父との親子関係が形成されていることから，その協議で父を親権者に指定できるとしたのです。

　　届出の審査に際しては，嫡出でない子であり，かつ，父から認知がなされているか，子の戸籍の記載をしっかり見る必要があります。

　　❷【親権者】は，届出日以後の指定された親権者を記録したものです。これ以後は父が親権者ですから，例えば，子が養子となる届出をする場合は，15歳未満であれば，父が法定代理人として，子に代わって縁組の意思表示をすることになる（届出人になる）のです（民797条１項）。

　　❸【届出人】は，この親権者指定の届出（創設的届出）が，父母の協議により親権者を父と指定する届出であるため，必然的に届出人は父母となります。

イ　親権者となった父が，自己の戸籍に子を入籍させたいと希望する場合は？

　親権者指定届出以後は父が親権を行使することから，子を自分の戸籍に

113

第8章 親権・未成年後見

入籍させたいとの相談があります。子は，母の戸籍に入籍中で母の氏を称しています。父とは氏を異にする（つまり，民法上の氏が異なる。）ため，民法第791条第1項及び戸籍法第98条第1項の規定に基づき，家庭裁判所の許可を得た上，父の氏を称する入籍の届出をすることにより，子を父の戸籍に入籍させることができます。

父から認知されている嫡出でない子に関する親権者の指定届出と，父の戸籍への入籍届出のための根拠条文をしっかり押さえることが肝要です。

記録の内容から父の遺言による未成年後見人指定について理解する

| 事例2 | 父の親権に服していた子に対して，父の遺言による未成年後見人指定に基づく届出がされた場合の未成年後見の記録 |

(1) 戸籍の記載例

ア　コンピュータ戸籍の記載例

（子の身分事項欄）

本　　籍	東京都豊島区東池袋一丁目800番地
氏　　名	甲野　義太郎

戸籍に記録されている者 除　籍	【名】義太郎 （父母欄等省略）
身分事項 　省　略 　死　亡	（出生事項等省略） 【死亡日】平成33年6月15日　　→ ❶ （以下の死亡の記録省略）
戸籍に記録されている者	【名】桃子 【生年月日】平成28年7月2日 【父】甲野義太郎

114

第8章　親権・未成年後見

	【母】甲野梅子 【続柄】長女
身分事項 　　出　　生	（出生事項省略）
親　　権	【親権者を定めた日】平成30年9月10日 【親権者】父 【届出人】父母
未成年者の後見	【未成年後見人就職日】平成33年6月15日　　→　❶ 【未成年者の後見開始事由】親権を行う者がないため　❷ 【未成年後見人】乙原孝吉　　　　　　　　　→　❸ 【未成年後見人の戸籍】千葉市中央区千葉港5番地 　　乙原忠太郎　　　　　　　　　　　　　　→　❹ 【届出日】平成33年6月24日　　　　　　　→　❺

イ　紙戸籍の記載例

（子の身分事項欄→母と同籍）

　　平成参拾参年六月拾五日親権を行う者がないため千葉市中央区千葉港五番地乙原忠太郎同籍孝吉未成年後見人に就職同月弐拾四日届出㊞

⑵　**本記載例のポイント**

ア　インデックス（❶～❺）から未成年後見開始の届出の際の審査の手法を読み解く

　❶【未成年後見人就職日】は，親権者父が死亡したため後見が開始しました（民838条1号前段）が，遺言によって未成年後見人を指定していますので，遺言の効力が発生した日，つまり死亡の日に就職したことから，その日を記録したものです（民985条1項，大正8・4・7民835号回答）。

　❷【未成年者の後見開始事由】は，親権者である父が死亡したため，親権を行う（行使する）者がない状態となりました。子の親権事項と父の死亡事項から，後見が開始したことを読み取る必要があります。

　戸籍面上未成年後見が開始していると分かったとしても，戸籍事務管掌者はどうすることもできません。未成年後見人の就職や選任を待つほかないのです。

　❸【未成年後見人】は，父の遺言によって指定された者の氏名を記録します。そして，遺言で指定された者本人が，未成年後見開始の届出をし

第8章　親権・未成年後見

ます。つまり，親権者であった父の遺言により指定された者が，遺言の発効の日（＝遺言者の死亡の日）に未成年後見人に就職したことになるのです。よって，この未成年後見開始届出は，報告的届出です（戸81条1項）。

　届出の審査に当たっては，遺言書の謄本の添付があり，それによって未成年後見人が届書に記載された乙原孝吉であるか否かを審査することになります（戸81条2項）。

　なお，遺言による認知の届出とは，届出人が異なりますから注意が必要です。

　❹【未成年後見人の戸籍】未成年後見人を特定する必要があることから，その者の本籍及び筆頭者を記録します。

　平成24年4月1日から民法の一部を改正する法律の施行により，法人も未成年後見人に就職することができるようになりました。その場合は，法人には戸籍がないため，法人の住所を記録することになっています（法定記載例119参照）。

　❺【届出日】は，報告的届出であることから，届出日を記録したものです。戸籍法第81条第1項で，10日以内に届出をすべき旨定められていますが，本事例では10日目に届出をしたことが解ります。

　本事例は，**事例1**（112頁）や他の報告的届出のような【届出人】の記録がありません。戸籍法第81条第1項の規定から，未成年後見の開始の届出は，遺言による場合に限定されました（同項が平成24年4月1日から戸籍法の一部を改正する法律の施行により改正されたため）ので，届出人は，未成年後見人として指定された乙原孝吉以外にはいないことから，【届出人】は記録（記載）しません（法定記載例118参照）。

　なお，**事例1**と本事例の記録（記載）は，子の身分事項欄のみへの記録となります（戸規35条5号）。

116

第9章 死　亡

第9章

死　亡

① 記録の内容から死亡について理解する

　人の一生の終了は，死亡です。死亡によって効力が発生するものがあります。死亡を契機としての戸籍の届出としては，遺言認知届，遺言による未成年後見開始届があります。また，生存配偶者となった者にとっては，姻族関係終了届と復氏届が可能な原因にもなります。

　しかし，一番の効力は，相続の開始原因（民882条）になっていることではないでしょうか。もちろん，失踪宣告も死亡とみなされますから，相続の開始原因になりますが，ここでは，死亡届について整理します。

事例 1	事件本人の本籍地で同居者がした死亡の届出による死亡事項の記録

(1) 戸籍の記載例

ア　コンピュータ戸籍の記載例

（夫が死亡後の戸籍）

本　　籍	東京都豊島区東池袋一丁目８００番地
氏　　名	甲野　義太郎
戸籍事項 　　戸籍改製	（改製事項省略）
戸籍に記録されている者 　除　　籍　❻	【名】義太郎 【生年月日】昭和１６年８月１日　　　　　　　❽ 【父】甲野幸雄 【母】甲野松子 【続柄】長男

117

第9章　死　亡

身分事項	
出　　生	（出生事項省略）
婚　　姻	（婚姻事項省略）
死　　亡	【死亡日】平成２７年５月３０日　　　　　　　→　❶ 【死亡時分】午前１１時１５分　　　　　　　→　❷ 【死亡地】東京都豊島区　　　　　　　　　　→　❸ 【届出日】平成２７年６月１日　　　　　　　→　❹ 【届出人】同居者　丙原正作　　　　　　　　→　❺
戸籍に記録されている者	【名】梅子 【生年月日】昭和２２年５月１日　　　　　　　　❽ 【父】乙野忠治 【母】乙野春子 【続柄】二女
身分事項	
出　　生	（出生事項省略）
婚　　姻	【婚姻日】昭和５０年８月８日 【配偶者氏名】甲野義太郎 【従前戸籍】横浜市中区本町一丁目８番地　乙野忠治
配偶者の死亡	【配偶者の死亡日】平成２７年５月３０日　　　→　❼

イ　紙戸籍の記載例

（夫の身分事項欄）

❶平成弐拾七年五月参拾日❷午前拾壱時拾五分❸東京都豊島区で死亡同年六❹
❺月壱日同居者丙原正作届出除籍❻㊞

↓

配偶欄を含む名欄に朱線交叉して除籍します。

（妻の身分事項欄　→　婚姻解消事項の記載）

❼平成弐拾七年五月参拾日夫死亡㊞

↓

配偶欄の「妻」の文字に縦の朱線を施します。

(2)　本記載例のポイント

ア　インデックス（❶〜❽）から死亡届出の際の審査の手法を読み解く

　❶【死亡日】は，死亡した年月日です。死亡届書と死亡診断書又は死体検案書に記載された年月日です。

　❷【死亡時分】は，死亡した時点の時刻です。時刻は，分まで明らか

第9章 死　亡

にする必要があることから記録します。この時分から相続の開始となるからです（民882条）。❶【死亡日】とともに，事件本人（死亡者＝被相続人）の相続開始の原因発生の時点となります。死亡届書と死亡診断書又は死体検案書に記載された時分ですが，相続開始の原因という重要な部分ですから，受理に際しても，戸籍への記録に際しても，再三再四確認しましょう。

❸【死亡地】は，死亡した場所です。病院で死亡した場合は，病院の住所ですが，戸籍への記録は最小行政区画（市区町村）までとなります。また，自宅や施設で死亡した場合は，届書へは自宅や施設の住所を記載しますが，戸籍へは，同じく，最小行政区画までの記録となります。

❹【届出日】は，死亡の届出をした日です。死亡届は，報告的届出で，届出義務者が死亡の事実を知った日から7日以内に届出しなければなりません（戸86条1項）。死亡日から7日以内ではありませんので，留意が必要です。

❺【届出人】は，死亡の届出をした人です。死亡の事実をいち早く戸籍に反映させるために，一定の者に届出義務を課しています（戸87条）。本事例は，同居者が届出していますが，親族である妻梅子が同居していない場合は，届出義務者とはならないため，親族ではないが，同居していた丙原正作が届出義務を課されているため，死亡の届出をしたのです。

死亡の事実をいち早く知り得る者は，同居者ですから，第1に同居の親族，第2にその他の同居者として，届出義務を課しているのです（戸87条1項）。

❻の除籍マークは，死亡により戸籍から除かれたことを示すものです。紙戸籍の場合は，夫と記載のある配偶欄を含めた名欄に朱線交叉しますが，コンピュータ戸籍では朱線交叉ができないことから，除籍マークとしたものです。

❼【配偶者の死亡日】は，夫が死亡し婚姻関係が解消したので，記録したものです。戸籍システムでは，入力の際，配偶者を選択することで，自動的に記録します。紙戸籍の場合は，記載漏れしないよう留意が必要です（妻梅子は，独身者として再婚できる身分となったわけですから。）。

119

第9章 死　亡

　　タイトルは配偶者の死亡となっていますが，配偶者の死亡事項とはい
わず，婚姻解消事項といいます。

　　❽は，【配偶者区分】でしたが，婚姻関係の解消となりましたので，
空白となります。紙戸籍では，夫については，配偶欄も含めて朱線交叉
をするので，夫の文字が消えたことになり，妻については，妻の文字に
縦の朱線を施すことによって消えたことになります。コンピュータ戸籍
では，配偶者区分のインデックスごと消すことになります（離婚の場合
と同じ）。

イ　妻梅子の婚姻解消事項から読み解くべきこと

　　実務においては，生存配偶者となった妻から，『夫が死亡したことか
ら，夫の身内（親族）と関係を断ちたいのだが』『夫の姓を名乗ってい
る必要性がなくなったので旧姓に戻りたいが』などの相談があるのでは
ないでしょうか。

　　本事例の妻梅子の身分事項欄には，婚姻解消事項が一行あるのみです
が，そこから，次の2つの手続ができることを読み解くことも必要です。

ⅰ　姻族関係終了届ができる。

　　夫が死亡したことにより，夫の身内，つまり，姻族との関係を終了さ
　　せることができるようになった（民728条2項）ことです。戸籍法第
　　96条の姻族関係終了届ができるということです。

ⅱ　復氏届ができる。

　　婚姻前の氏（旧姓）に戻ることができることになった（民751条1項）
　　ことです。戸籍法第95条の復氏届ができるということです。

　　以上のことを押さえることで，窓口に相談にきた生存配偶者である妻へ
の対応も，慌てることなくできることになります。上記2つの届について
は，民法の規定と併せて，是非覚えておきましょう。

第9章 死　亡

| 事例2 | 事件本人の本籍地で成年後見人が死亡の届出をした死亡事項の記録 |

(1)　戸籍の記載例

ア　コンピュータ戸籍の記載例

（事件本人の身分事項欄）　※　紙戸籍の記載例は省略します。

| 死　　亡 | 【死亡日】平成２７年５月３０日
【死亡時分】午前１１時１５分
【死亡地】東京都豊島区
【届出日】平成２７年６月１日
【届出人】丙原正作 |

(2)　本記載例のポイント

ア　【届出人】丙原正作の記録から届出人について読み解く

　戸籍法の一部を改正する法律の施行により，平成20年５月１日から，成年後見人等も届出ができることとなりました（戸87条２項）。

　本事例は，事件本人（成年被後見人）の成年後見人であった丙原正作が，届出資格者として死亡の届出をしましたが，戸籍の記録からは成年後見人であったがどうかは分かりません。なぜ，氏名のみの記録（記載）となるのかを読み解く必要があるのです。

　死亡の届出に基づく戸籍の記載については，個人（故人）のプライバシーに関わるものは記載しないとの考え方に従っています。公の施設（国立病院等の公設所）や刑事施設で死亡した者については，その施設の長（国立病院長，刑務所長等）が死亡の届出義務者となります。しかし，戸籍に届出人を記載する場合には，その資格（義務者としての資格）は記載しないことになっています。

　成年後見人が届出人の場合も，その考え方で氏名のみとしたとされています（平成20・４・７民一第1000号通達第７の３，戸籍誌815号70頁）。

　成年後見人が届出人の場合は，事件本人が成年被後見人であることが分かる登記事項証明書か裁判書（審判書）の謄本を添付します（同通達７の２）。

121

第9章 死　亡

　また，成年後見人には法人もなれますが，法人の場合は，代表者が届出人となり，代表者の氏名のみを届出人として記録します。添付書類は，自然人の場合と同じです。なお，代表者の氏名は，別途，商業登記の登記事項証明書で確認することが望ましいのですが，その添付までは義務づけられていませんので，当該商業登記の登記事項証明書がなくても受理できるものとされています（戸籍誌884号26頁参照）。

② 記録の内容から夫婦同時死亡について理解する

　以下では，夫婦同時死亡と福祉事務所長からの死亡記載申出書の提出による戸籍の記録から読み解くべき事項について，整理してみたいと思います。

　夫婦同時の死亡届出は，事例としては少ないですが，事故や災害等による死亡の場合は十分考えられます。

　また，福祉事務所長からの死亡の届出は認められませんが，届出人がいない，探し出せないなどとして，職権による死亡の記載を促す申出書として提出される場合があります。最近では一人暮らしの高齢者等が増えていますので，事例としては比較的多いのではないでしょうか。

| 事例3 | 夫婦が同時刻頃に死亡したとの届出による死亡事項の記録 |

⑴　戸籍の記載例
ア　コンピュータ戸籍の記載例

（夫婦が死亡後の戸籍）

除　　籍	
本　　籍	東京都豊島区東池袋一丁目８００番地
氏　　名	甲野　義太郎
戸籍事項 　戸籍改製 　戸籍消除	 （改製事項省略） 【消除日】平成２８年６月３日

第9章　死　亡

戸籍に記録されている者	
	【名】義太郎
除　籍	【生年月日】昭和16年8月1日　　　　　　【配偶者区分】夫❷ 【父】甲野幸雄 【母】甲野松子 【続柄】長男
身分事項 　　出　　生 　　婚　　姻 　　死　　亡	（出生事項省略） （婚姻事項省略） 【死亡日】平成28年5月30日　　　　　　❶ 【死亡時分】推定午前11時15分 【死亡地】東京都豊島区 【届出日】平成28年6月3日 【届出人】親族　甲野武雄
戸籍に記録されている者	
	【名】梅子
除　籍	【生年月日】昭和22年5月1日　　　　　　【配偶者区分】妻❷ 【父】乙野忠治 【母】乙野春子 【続柄】二女
身分事項 　　出　　生 　　婚　　姻 　　死　　亡	（出生事項省略） （婚姻事項省略） 【死亡日】平成28年5月30日　　　　　　❶ 【死亡時分】推定午前11時15分 【死亡地】東京都豊島区 【届出日】平成28年6月3日 【届出人】親族　甲野武雄

イ　紙戸籍の記載例

（夫の身分事項欄）

❶　→　推定＝頃。

　　平成弐拾八年五月参拾日推定午前拾壱時拾五分東京都豊島区で死亡同

❷

年六月参日親族甲野武雄届出除籍㊞

↓

配偶欄の「夫」に朱線は施さない。

123

第9章　死　亡

（妻の身分事項欄）

❶　→　推定＝頃。

　平成弐拾八年五月参拾日推定午前拾壱時拾五分東京都豊島区で死亡同

❷

年六月参日親族甲野武雄届出除籍㊞

↓

配偶欄の「妻」に朱線は施さない。

(2)　**本記載例のポイント**

ア　**インデックス❶と❷から同時死亡について読み解く**

　❶の【死亡日】と【死亡時分】が，夫婦とも同じ記録となっています。

事故又は災害等による死亡の場合に多く見受けられますが，これらの記

録から夫婦同時死亡であると読み解きます。

　死亡時分に推定の文字が記録されていますが，どちらが先に死亡した

かは，この記録からは判断できません。そのため，同時に死亡したもの

と推定するほかないのです（民32条の２）。死亡届に添付された死亡診断

書又は死体検案書の「死亡したとき」欄の記載が，「平成28年５月30日

推定午前11時15分」となっていたことから，これらの記録となったもの

です。

　戸籍システムでは，審査結果の画面で入力しますが，死亡時分は，

「推定午前11時15分」か「午前11時15分頃」と入力します。「頃」と「推

定」は，同じ意味であるとの考え方です（昭和35・４・28民事甲994号回

答参照）。

　❷夫婦同時死亡であるため，配偶者区分は消除しません。したがって，

婚姻解消事項も記載しません。通常入力では，配偶者区分が消除され，

かつ，一方配偶者に婚姻解消事項が記載されてしまうため（２件同時入

力ができない。），審査結果の画面からの入力となるのです。

　しかしながら，災害等による同時死亡の場合は，必ずしも同時に死亡

届出があるとは限りません。結果として夫婦同時死亡となる場合もあり

ます。本事例の場合，先に夫の死亡届出があり，配偶者区分を消除し，

妻の身分事項欄に婚姻解消事項を記載した後に，妻の死亡届出があった

場合は，結果として夫婦同時死亡となりますが，記載した婚姻解消事項

は，訂正（消除）する必要はありません（平成23年度第２回コンピュータ

研究会検討結果。戸籍誌873号16頁参照）。❶のインデックスの記録から，夫婦同時死亡と判断できるからです。

イ　夫と妻の間に相続の発生はない

　　夫婦の一方が先に死亡した場合は，生存者の一方が相続人となりますが，夫婦同時死亡の場合は，双方とも相続人になりません。死亡した者の配偶者と子は，同順位で相続人になります（民890条）が，この場合は，夫婦間に相続は発生しないことになるのです。同じように，父と子が同時に死亡した場合，母と子が同時に死亡した場合も，それぞれの間では相続は発生しません。

　　同時死亡の場合は，夫婦間あるいは父子間（母子間）での相続は発生しない，それぞれが相続人になることもないことを読み解きましょう。

　　なお，同時死亡の相続に関する詳細は，『髙妻新・荒木文明著：全訂第二版相続における戸籍の見方と登記手続』縦書322頁及び横書67頁をご参照ください。

3　記録の内容から職権による死亡の記載について理解する

事例4　届出義務者がいないとして，福祉事務所長からの死亡の記載申出による死亡事項の記録

(1)　戸籍の記載例

ア　コンピュータ戸籍の記載例

（死亡者の身分事項欄）

死　　亡	【死亡日】平成２７年８月３０日 【死亡時分】推定午後１０時 【死亡地】東京都豊島区 【除籍日】平成２７年９月３日

第9章　死　　亡

イ　紙戸籍の記載例

（死亡者の身分事項欄）

　　平成弐拾七年八月参拾日推定午後拾時東京都豊島区で死亡**同年九月参**

日除籍㊞

↓

午後拾時頃　と記載してもよい（推定＝頃）。

(2)　**本記載例のポイント**

ア　インデックス【除籍日】から職権による死亡の記載であることを読み

　解く

　　　親族等からの届出の場合は，【除籍日】のインデックスは無く，【届出

　日】と【届出人】のインデックスによる記録です。

　　　本事例の場合，死亡届の届出人がいないにもかかわらず，死亡の記載

　をしている点に注目します。

　　　氏名，生年月日，本籍が判明していれば，死亡者を特定することがで

　きます。死亡者を特定できれば，届出がない場合でも死亡の記載をする

　ことは可能です。しかし，市区町村長が，職権で記載することは，戸籍

　法44条1項の規定から原則として認められません。まずは届出義務者に

　対して，届出をするよう催告しなければならないからです。催告しても

　届出がない場合又は期待できない場合（届出義務者がいない場合，探せな

　い場合，届出を拒否している場合等）に，同条3項により，管轄法務局等

　の長の許可を得て記載することができるのです。

　　　本事例は，管轄法務局等の長の許可を得ていません。そのため【許可

　日】のインデックスがありません。許可を得た場合は，【除籍日】の前

　に【許可日】が記録されます。

　　　以上のことから，本事例は，平成25年3月21日法務省民一第285号法

　務省民事局民事第一課長通知で認められた職権による死亡の記録である

　と読み解きます。【除籍日】は，福祉事務所長から死亡記載の申出書（死

　亡届書）の提出があった日です。

イ　福祉事務所長以外からの死亡記載の申出は許可を要する！

　　　上記アの取扱いは，福祉事務所長又はこれに準ずる者からの死亡記載

　の申出の場合に限り認められたものです。よって，これらの者以外から

126

第9章　死　　亡

の申出の場合は，届出義務者がいないとしても，又は届出を期待できないとしても，管轄法務局等の長の許可を得て記載することになります。

　上記アの取扱いに関しては，管轄法務局等の長が，あらかじめ包括的に許可を与えたとする考え方によるものです。

　なお，福祉事務所長又はこれに準ずる者からの申出であっても，死亡の記載をするにあたり，少しでも疑義が生じた場合は，管轄法務局に相談又は指示を得る等，死亡の処理に万全を期すよう留意しなければなりません。

第10章　入籍・氏変更

第10章

入籍・氏変更

1 記録の内容から母の氏を称する入籍について理解する

　"入籍"と聞くと，結婚（婚姻）か？　とイメージしがちですが，戸籍法における入籍とは，子が，父母の氏を称する場合，又は母（父）の氏を称する場合に，その父母又は母（父）の戸籍に入りたいと希望する場合にする届出のことをいいます。

　世間一般の婚姻を意味する"入籍"と混同しないように，気をつけましょう。

　さて，現実の窓口では，嫡出子が，父と離婚した母の氏を称するとして母の戸籍に入籍する届出が一番多いのではないでしょうか。

　母の氏を称するとは？　そして，母の戸籍に入籍するとは？　について，記載例とともに，整理してみました。

事例1	母の氏を称する入籍の届出による入籍事項の記録

(1)　戸籍の記載例

ア　コンピュータ戸籍の記載例

（子の出生届出後の父の戸籍）

本　　　籍	東京都豊島区東池袋一丁目８００番地
氏　　　名	甲野　義太郎
戸籍事項 　戸籍編製	【編製日】平成２６年８月８日
戸籍に記録されている者	【名】義太郎

128

第10章　入籍・氏変更

	(生年月日欄以下省略)
戸籍に記録されている者 除　籍	【名】梅子 【生年月日】昭和６２年５月１日 【父】乙野忠治 【母】乙野春子 【続柄】二女
身分事項 　出　　生 　婚　　姻 　離　　婚	(出生事項省略) (婚姻事項省略) 【離婚日】平成３０年９月１０日 【配偶者氏名】甲野義太郎 【新本籍】横浜市中区本町一丁目８番地
戸籍に記録されている者 除　籍	【名】桃子 【生年月日】平成２８年７月２日 【父】甲野義太郎 【母】甲野梅子 【続柄】長女
身分事項 　出　　生 　親　　権 　入　　籍	(出生事項省略) 【親権者を定めた日】平成３０年９月１０日 【親権者】母 【届出人】父母 【届出日】平成３０年１２月２日　　　　　　→　❶ 【除籍事由】母の氏を称する入籍　　　　　→　❷ 【届出人】親権者母　　　　　　　　　　　→　❸ 【入籍戸籍】横浜市中区本町一丁目８番地　乙野梅子　❹

（入籍届出後の母の戸籍中子の入籍事項）

入　　籍	【届出日】平成３０年１２月２日 【入籍事由】母の氏を称する入籍　　　　　→　❷ 【届出人】親権者母　　　　　　　　　　　→　❸ 【送付を受けた日】平成３０年１２月１０日 【受理者】東京都豊島区長 【従前戸籍】東京都豊島区東池袋一丁目８００番地　甲野義太 　郎　　　　　　　　　　　　　　　　　　→　❹

(2)　**本記載例のポイント**

ア　インデックス（❶～❹）から入籍届出の際の審査の手法を読み解く

　　❶【届出日】は，入籍届書を添付書類とともに提出し，受理された日

129

第10章　入籍・氏変更

です。

　入籍届は，届出することで効力が発生する創設的届出です。母の戸籍に入籍するかどうかは，届出人の自由意思によるほか，届出をしなければ入籍することができないからです。

　❷【除籍事由】と【入籍事由】は，子は父の戸籍から母の戸籍へ結果として移りますから，父の戸籍では除いた原因であるその事由を記録し，母の戸籍では入籍した原因であるその事由を記録したものです。両方とも事由は，「母の氏を称する入籍」と共通しています。

　入籍届出を審査する際は，上記(1)アの父の戸籍（子は未だ除籍されていない状態）と離婚後の母の戸籍を見ながら審査します。

　子は，生まれた時は父母の氏でした（民790条1項本文）。その後，父母が離婚し母は旧姓に戻りました（離婚で復氏した）。その結果，子の称している氏が父母の氏から父の氏に変わったことになります。母は離婚で除籍されたため，父母の戸籍ではなくなったからです。

　父母の氏といっても，父母は夫の氏で婚姻しましたから，元々は父（夫）の氏だったことを，父と母の戸籍から読み解くことが必要です。

　以上のことから，子は，母と異なる氏になったのです。そして，子が母の氏を称したいと希望したことから，届出し，母の戸籍に入籍したのです（民791条，戸98条）。

　❸【届出人】は，事件本人（入籍する者＝子）が届出人の場合は記録されませんが，本事例の桃子は，満2歳で15歳未満であることから，意思能力を有しないとの考え方に基づき，法定代理人（＝親権者）が代わって届出をしたことから，記録したものです（戸規30条2号）。

　桃子の親権事項の記載から，子の親権者は，父母が協議離婚届出の際に，母を親権者としていることが分かります（民819条1項）。入籍届出の審査の際は，子の親権事項をよく見ることが肝要です。

　なお，親権者となった母が，離婚届出で子も自動的に自分の戸籍に移るものと勘違いされている場合が，実務では度々見受けられます。事前に相談があった場合は，間違いのないように案内する必要があります。

　❹【入籍戸籍】と【従前戸籍】は，将来相続関係等の手続で，関連す

130

第10章　入籍・氏変更

る戸籍謄本や除籍謄本が必要となることから，検索機能を持たせるとの
戸籍制度の基本的考え方により，入籍届出で，どの戸籍へ移ったか，さ
らに，どの戸籍から移ってきたかを，両インデックスで記録したもので
す。

　【入籍戸籍】は，紙戸籍の記載例である「～何某戸籍に入籍につき除
籍」の部分をインデックス化したもので，【従前戸籍】は，紙戸籍の記
載例である「～何某戸籍から入籍」の部分をインデックス化したもので
す。

イ　民法第791条第1項　→　戸籍法第98条第1項　→　戸籍法第18条第
　2項の流れを理解する

　i　民法第791条第1項は，「子が父又は母と氏を異にする場合には，子
　　は，家庭裁判所の許可を得て，戸籍法の定めるところにより届け出る
　　ことによって，その父又は母の氏を称することができる。」と規定し
　　ています。

　ii　これを受けて，手続法である戸籍法は，第98条第1項で「民法第
　　791条第1項から第3項までの規定によって父又は母の氏を称しよう
　　とする者は，その父又は母の氏名及び本籍を届書に記載して，その旨
　　を届け出なければならない。」と規定しています

　iii　しかしながら，「母の氏を称する届出」というものはありません。
　　また，子の氏を母の氏に変更するとする「氏変更の届出」もありませ
　　ん。そこで，上記の2つの条文を，どうやって実現させるのかという
　　疑問に行きつきます。

　iv　その疑問を解くのが，実は，戸籍法第18条であり，本事例の場合は，
　　同条第2項の規定なのです。同規定は「～父の氏を称する子は，父の
　　戸籍に入り，母の氏を称する子は，母の戸籍に入る。」としているこ
　　とから，父又は母の戸籍に入るとする「入籍の届出」によって，実現
　　させることができるとしたのです。

　v　子は，母が父と離婚して実方の氏に復したため，自分の氏と母の氏
　　が異なる状態となりました。そして，子は，母の氏を称したい（名乗
　　りたい）と希望しました。子は，家庭裁判所で，母の氏に変更するこ

131

とを許可する旨の審判書をもらいました。その結果，子は，母の氏を称することができる状態となりました。戸籍法第98条第1項で規定している母の氏を称しようとする者になったわけです。

vi 母の氏を称しようとする者，つまり，母の氏を称する者は，戸籍法第18条第2項の規定によって母の戸籍に入れることになったのです。その手続を実現させるのが，入籍届なのです。この入籍届が，戸籍法第98条第1項の「その旨を届け出なければならない」を実現させるということです。

ウ　事前に家庭裁判所の許可を得ることの必要性について

　民法第791条第1項は，家庭裁判所の許可を得ることを条件としています。

　本事例の子桃子は，自分の氏は「甲野」であり，母の氏は「乙野」であるから，母とは法律（民法）上の氏を異にしている状態になったため，母の氏を称することを希望したのです。

　個人の氏名は，人の同一性を識別する上で，社会生活上きわめて重要な意味をもつものです。そのため，単に届出だけで氏の変更を認めてしまうと，本人の都合で際限なく氏の変更が可能となり（入籍の届出が際限なくできる），社会生活において支障を来します。そういう状態を防止するために，家庭裁判所の許可を必要としたものです。

　桃子の自由意思（15歳未満の場合は法定代理人親権者）によって，母の氏を称したり，時によって父の氏を称したり，というような使い分けがあってはならないのです。

　また，家庭裁判所の許可には，関係人等の利害対立を調整するとの考え方があります（中川淳『改訂親族法逐条解説』日本加除出版，247頁参照）。

　審査の際は，許可審判書謄本の添付があるかをしっかりチェックしましょう。

　参考までに，家庭裁判所の許可審判書の主文は，「申立人の氏『甲野』を母の氏である『乙野』に変更することを許可する。」の振り合いとなっています。

第10章　入籍・氏変更

② 記録の内容から戸籍法上の氏変更について理解する

事例2　戸籍上の氏を変更するとして届出した氏変更事項の記録

(1) 戸籍の記載例

ア　コンピュータ戸籍の記載例

（氏変更後の夫婦とその子の戸籍）

本　　籍	東京都豊島区東池袋一丁目８００番地	
氏　　名	丙山　義太郎	→ ❶
戸籍事項 　戸籍編製 　氏の変更	【編製日】平成２６年８月８日 【氏変更日】平成３０年３月３日 【氏変更の事由】戸籍法１０７条１項の届出 【従前の記録】 　　【氏】甲野	 → ❶ → ❷ → ❸
戸籍に記録されている者	【名】義太郎 【生年月日】昭和６０年８月１日　　【配偶者区分】夫 （父母欄以下省略）	
戸籍に記録されている者	【名】梅子 【生年月日】昭和６２年５月１日　　【配偶者区分】妻 【父】乙野忠治 【母】乙野春子 【続柄】二女	
身分事項 　出　　生 　婚　　姻 　更　　正	（出生事項省略） 【婚姻日】平成２６年８月８日 【配偶者氏名】丙山義太郎 【従前戸籍】神奈川県横浜市中区本町一丁目８番地 　　乙野忠治 【更正日】平成３０年３月３日 【更正事由】夫氏変更 【従前の記録】 　　【配偶者氏名】甲野義太郎	 → ❽ → ❽ → ❾ → ❿

133

第10章　入籍・氏変更

戸籍に記録されている者	【名】桃子 【生年月日】平成２８年７月２日 【父】丙山義太郎　　　　　　　　　　→ ❹ 【母】丙山梅子　　　　　　　　　　　→ ❹ 【続柄】長女
身分事項 　　出　　生 　　更　　正	（出生事項省略） 【更正日】平成３０年３月３日　　　　→ ❹ 【更正事項】父母の氏名　　　　　　　→ ❺ 【更正事由】父母氏変更　　　　　　　→ ❻ 【従前の記録】　　　　　　　　　　　→ ❼ 　　【父】甲野義太郎 　　【母】甲野梅子

(2)　本記載例のポイント

ア　インデックス（❶〜❿）から氏変更届出の際の審査の手法を読み解く

❶【氏変更日】は，戸籍事項欄に記録します。戸籍に在籍する全員に効力が及びますから，戸籍事項欄に記録します（戸規34条２号）。この記録から，氏の変更届出によって，氏名欄の筆頭者の氏が丙山に変更したと読み解きます。

筆頭者である義太郎，配偶者である梅子，そして長女桃子の３人全員が丙山の氏に変わったと読み解くのです。

氏変更の届出は，創設的届出です。届出をし，受理されて効力が発生する届出なのです。

❷【氏変更の事由】は，氏変更の根拠となる条文を明らかにする必要があることから記録します。戸籍法上の氏変更の手続については，107条１項〜４項に定めていますが，どの条文を適用して氏変更したかを明らかにする必要があるためです。届書もそれぞれ異なっており，４種類あります。

戸籍システムにおいては，「氏の変更届」の画面から入力します。

❸【従前の記録】は，変更前の「甲野」の氏を経過として残しておくための記録です。紙戸籍の場合は，「甲野」の部分に縦の朱線を引きますが，コンピュータ戸籍の場合は，朱線を引くことができないため，下

134

第10章　入籍・氏変更

段に落とす形で記録します。

❹長女桃子の父母欄も，その氏を「丙山」に変更する必要があります。氏の変更届（戸籍法107条１項の届）書のその他の欄に，「次の人の父母欄の氏を更正してください。」と印字してありますが，そこに，「同籍する長女，桃子」と記載することで更正の処理ができます。更正とは，この日からこの氏に変わりましたとの意味です。今までが誤りでしたとして処理する「訂正」とは異なりますので注意が必要です。

　戸籍システムでは，氏の変更届の画面の「氏の変更構成員人数」の画面で，在籍している（除籍者は含まない。）子の数を入力することで，自動的に記録します。

　【更正日】は，氏変更の届出と一体で受理しますから，氏変更日と同日になります。

❺【更正事項】は，どの部分を更正したかを明らかにすることから記録します。更正事項の内容が，「父母の氏名」となっていますが，変更になったのは，氏だけです。コンピュータ戸籍は，筆頭者の氏名以外は，システム上切り離しができないことから，名は変更しませんが，「父母の氏名」とします。❶の氏名欄では，氏と名の間が１文字分空いています。つまり，切り離して，区別ができるようにしてあるのです。一方，父母欄は，１文字分空けていませんから，更正事由を「父母の氏」とはできないのです。

　❹とともに，自動的に記録されます。

❻【更正事由】は，どうして更正したかを明らかにする必要があることから記録します。父母が氏を変更した，つまり，筆頭者及び配偶者が戸籍法107条１項の氏の変更届出をし，かつ，同籍の子の父母欄の更正の申出（記載）をしましたから，記録したと読み解きます。

　これも，❹と同時に自動的に記録されます。

❼【従前の記録】は，変更の経過を明らかにする必要があることから，下段に落とす形で変更前の父母の氏名をそれぞれ記録しておきます。紙戸籍では，父母欄の父の氏に（父母が婚姻中なので母欄には氏の記載がない。）朱線を引いて「丙山」とその横に記載しますが，コンピュータ戸

135

第10章　入籍・氏変更

籍は朱線を引くことができないため，従前の記録として残しておくことになります。

❽妻梅子の婚姻事項中，夫義太郎の氏を更正するとの申出によって，夫の氏を丙山と記録したと読み解きます。

婚姻届出時は，義太郎の氏は「甲野」であったことから，正しい記載であり誤りではないため，従来は，更正することは認められていませんでした。

その後，氏の経過関係を明らかにするとの考え方から，妻からの申出があれば，これを更正して差し支えないとして，平成4年3月30日民二第1607号通達が発出されました。

氏の変更届書のその他の欄に，妻梅子が，婚姻事項中の夫の氏を「丙山」と更正されたいとする記載をしたことから更正したのです。❹の申出と併せて申出したことになります。

戸籍システムでは，この部分の更正の処理は，別に行います。別番号を確保して，❶と❹の処理（決裁）後，更正の画面から入力します。

❾【更正事由】は，夫（筆頭者）の氏がどうして「丙山」になったかを明らかにする必要があることから，記録します。婚姻事項の一部分の更正ですから，婚姻事項の直下に，段落ちタイトルの更正で記録するため，【更正事項】は不要です。

❿【従前の記録】は，変更前の夫の氏名を下段に落とす形で記録しておきます。紙戸籍では，夫の氏に縦の朱線を引きますが，コンピュータ戸籍では朱線を引くことができないため，変更の経過として，従前の記録として残しておきます。

イ　事前に家庭裁判所の許可を得ることの必要性について

本事例は，戸籍法第107条第1項による氏の変更です。条文を見ると，「やむを得ない事由によって氏を変更しようとするときは，……家庭裁判所の許可を得て」と規定していることから，甲野から丙山に変更するためのやむを得ない事由がなければならず，かつ，家庭裁判所の許可を事前に得る必要があることを要件としています。

戸籍の筆頭者と配偶者が，家庭裁判所（住所地の）に申立てをします

136

が，やむを得ない事由に該当するかどうかの判断は家庭裁判所がするということです。

昨日まで甲野，今日から丙山に変更を認めるとすると，社会生活に支障を来すことは明らかです。当事者の自由意思で氏を変えることを防止する必要があることから，家庭裁判所の許可を要件としたのです。

この氏変更の許可は，家事事件手続法第231条第１号により，即時抗告が認められています。利害関係人が，甲野義太郎一家に氏を変えられては困る，とする場合に，不服申立てができるということです。そのため，氏の変更届出のときには確定証明書も必要になるということです。

以上のことから，本事例の氏の変更届出を審査する際は，家庭裁判所からの許可審判書謄本と確定証明書の２点が添付されているかを，しっかりチェックしなければなりません。１点だけでは，当然，受理できません。

参考までに，許可審判書の主文は，「申立人らの氏『甲野』を，『丙山』に変更することを許可する。」旨の記載となっています。**事例１**（132頁）の主文と異なりますから，間違わないように留意しましょう。

③ 記録の内容から同籍する旨の入籍について理解する

入籍・氏変更の応用編では，家庭裁判所の許可を要しない同籍する旨の入籍と，父又は母若しくは父母の氏を称する入籍後，成年に達したことによる復氏のための入籍について，取り上げます。

同籍する旨の入籍は，父又は母（若しくは父母）の氏と子の氏が民法上同一であるにもかかわらず別戸籍の状態であるため，親子同一戸籍の状態とすることを希望する場合にする届出です。そのため，民法，戸籍法での規定はありません。もっぱら先例による取扱いでの届出となります。また，呼称上の氏が異なるも民法上の氏は同一である場合がありますが，この場合も同籍する旨の入籍届出によって，子の氏の変更とともに親子同一戸籍の状態を実現させることができます。

一方，成年に達した者が復氏するための入籍は，民法791条１項〜３項

第10章　入籍・氏変更

及び戸籍法98条１項による入籍届出によって父又は母（若しくは父母）の氏を称したが，成年（20歳）に達したため，入籍前の従前の氏に戻ることを希望する場合に，１年以内に（21歳に達するまでに）家庭裁判所の許可を得ないで，子本人がする届出です（民791条４項，戸99条）。

　民法上の氏が同一であるか否か，家庭裁判所の許可を要するか否かを見極めなければならないため，実務上比較的多いと思われる事例を挙げて，整理してみたいと思います。

事例3　婚姻前の母の戸籍に同籍していた嫡出でない子が，母の離婚後，さらに母と同籍したいとしてした入籍の届出による入籍事項の記録

ア　コンピュータ戸籍の記載例

（入籍により母と同籍となった戸籍）

本　　　籍	東京都豊島区東池袋一丁目８００番地
氏　　　名	甲野　梅子
戸籍事項 　氏の変更 　戸籍編製	【氏変更日】平成３０年９月１０日 【氏変更の事由】戸籍法７７条の２の届出 【編製日】平成３０年９月１０日
戸籍に記録されている者	【名】梅子 【生年月日】昭和６２年５月１日 【父】乙野忠治 【母】乙野春子 【続柄】二女
身分事項 　出　　　生	（出生事項省略）
離　　　婚	【離婚日】平成３０年９月１０日 【配偶者氏名】甲野義太郎
氏の変更	【氏変更日】平成３０年９月１０日 【氏変更の事由】戸籍法７７条の２の届出 【従前戸籍】横浜市中区本町一丁目８番地　甲野義太郎

第10章　入籍・氏変更

戸籍に記録されている者	【名】桃子 【生年月日】平成２０年７月２日 【父】 【母】甲野梅子 【続柄】長女
身分事項 　　出　　　生 　　入　　　籍	（出生事項省略） 【届出日】平成３０年１２月２日 **【入籍事由】母と同籍する入籍** 【届出人】親権者母 【従前戸籍】東京都豊島区東池袋一丁目８００番地　乙野梅子

※　紙戸籍の記載例は省略します。

イ　インデックス【入籍事由】から入籍届出の審査の手法を読み解く

　　民法791条１項，２項及び４項は，父（養父）又は母（養母）若しくは父母（養父母）の氏を称する場合に限定した規定です。つまり，子の氏と父母等の氏が民法上異なっている場合の規定であり，父又は母と同籍することを規定した条文ではありません。

　　本事例の場合，母梅子は，離婚によって当然に旧姓に復した（民767条１項）ものの，離婚の際に称していた氏を称する届出をしたため，婚姻前の乙野梅子の戸籍（自身が筆頭者の戸籍）に戻れなかったことから，子桃子と必然的に別戸籍となったものです。離婚によって婚姻前の戸籍に戻れば桃子とまた同籍になれたのです。梅子は呼称上『甲野』の氏を称しているにすぎず，民法上の氏は『乙野』です（民767条１項）。

　　本事例のような入籍の届出は，民法上の氏が同一である親子が同籍を希望することはごく自然の成り行きであることを考慮し，戸籍実務の取扱いとして先例で認めたものです。親子は民法上氏を同じくしますから，家庭裁判所の許可は要しないということになるのです。

　　本事例の入籍届出を審査する際は，母と子が民法上の氏が同一であるか，甲野義太郎戸籍で梅子の婚姻事項の【従前戸籍】と，乙野梅子戸籍で婚姻前は桃子と同籍しており，その戸籍から婚姻で甲野義太郎戸籍に入籍したことを婚姻事項の【新本籍】，【称する氏】又は【入籍戸籍】から，確認できれば，同籍する入籍の届出であると判断できるのです。な

139

お，同籍する入籍の届出は，単身者に限ります（後記ウの先例参照）ので，留意しましょう。

ウ　民法上の氏が同一であるとは？

本事例の同籍する入籍を，図式で整理すると次のとおりです。

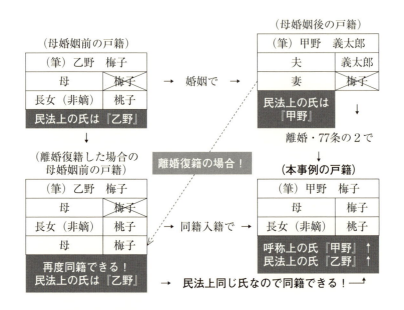

また，関係する先例を列挙すると，概ね次のとおりです。

①　昭和26年１月６日民事甲第3406号通達。

②　昭和33年12月27日民事甲第2673号通達。

③　昭和34年１月20日民事甲第82号回答。

④　昭和51年11月４日民二第5351号通達。

⑤　昭和59年11月１日民二第5500号通達第２の４(1)カ及び第２の４(2)イ。

⑥　昭和62年10月１日民二第5000号通達第３の４(2)及び第４の２(2)。

記録の内容から従前の氏に復する(戻る)入籍について理解する

| 事例4 | 母の氏を称する入籍後，成年に達したため入籍前の氏に戻るとして，子本人がした入籍の届出による入籍事項の記録 |

ア　コンピュータ戸籍の記載例

（母の氏を称する入籍で母と同籍していた戸籍）

本　　籍	東京都豊島区東池袋一丁目８００番地
氏　　名	乙野　梅子
戸籍事項 　　戸籍編製	【編製日】平成２３年９月１５日
戸籍に記録されている者	【名】梅子 （生年月日欄以降省略）
戸籍に記録されている者 除　　籍	【名】桃子 【生年月日】平成８年３月３日 【父】甲野義太郎 【母】乙野梅子 【続柄】長女
身分事項 　　出　　生 　　親　　権 　　入　　籍 　　入　　籍	 （出生事項省略） （親権事項省略） 【届出日】平成２３年１２月２日 【入籍事由】母の氏を称する入籍 【従前戸籍】横浜市中区本町一丁目８番地　甲野義太郎 【届出日】平成２８年５月２０日 【除籍事由】従前の氏に復する入籍 【新本籍】東京都豊島区東池袋一丁目８００番地

※　紙戸籍の記載例は省略します。

イ　インデックス【除籍事由】から入籍届出の審査の手法を読み解く

　　タイトルの入籍が続いていますが，インデックス【入籍事由】と【除籍事由】の内容が異なっていることに注目する必要があります。入籍届

141

第10章　入籍・氏変更

出によって母の戸籍に入ったが，さらに入籍届出によって自己の新戸籍を編製したため，除籍となったことを読み解きます。

本事例の桃子は，民法791条1項による入籍の届出をした後，20歳に達したので，自己の希望で入籍前の父の氏を称したいとして，さらに入籍の届出をしたものです。つまり，同条4項による入籍届出をし，再度父の氏を称したということです。父の氏（従前の氏）を称しても父の戸籍に必ずしも入籍しなくてよいのです（戸19条2項・1項ただし書後段）。家庭裁判所の許可は要しませんが，1年以内と期間が限定されています。つまり，21歳の誕生日の前日までは，同項による入籍届出によって，従前の氏（父の氏）に戻れるということです。

従前の氏に復する入籍届出の審査に際しては，当初の入籍が民法791条1項又は2項による入籍の届出であったか，その入籍事項の【入籍事由】を確認します。【入籍事由】母（父）の氏を称する入籍，【入籍事由】父母の氏を称する入籍，のどちらかの記録であるかを確認します。さらに，届出日時点で21歳未満であるかも審査します。21歳に達してしまった（成年から1年を経過した）場合は，原則に戻って，再度，1項による入籍となります（家裁の許可が必要）。

また，従前の氏が何であるかは，当初の入籍事項の【従前戸籍】の筆頭者の氏を審査します。これにより，本事例の場合は，従前の氏が『甲野』であると，判断できます。

なお，本事例において，母梅子が戸籍法77条の2の届出による戸籍に，桃子が母の氏を称する入籍をしている場合でも，従前の氏を称する入籍の届出は可能です。民法上の氏を称するための入籍ですから，呼称上は『甲野』と同じでも，従前の氏を称する入籍で，桃子は，民法上の氏が『乙野』から『甲野』に戻れるからです。

ウ　【入籍事由】及び【除籍事由】の記録から家庭裁判所の許可の要・不要を読み解く

家庭裁判所の許可を得た入籍届出であったかどうかの見極めは，入籍事由及び除籍事由の記録で判断できます。許可を得たか否かを大別すると，次のとおりです。

142

第10章　入籍・氏変更

【入籍事由】及び【除籍事由】の記録内容と根拠法令	許可の要否
①　母（父）の氏を称する入籍（民791条1項）	要
②　父母の氏を称する入籍（民791条2項）	不要
③　母（父）と同籍する入籍（前記1のウの先例）	不要
④　従前の氏に復する入籍（民791条4項）	不要

※養父・養母の氏を称する場合も同じです。

143

第11章　国籍の取得

第11章

国籍の取得

① 記録の内容から日本国籍取得について理解する

　国籍の取得については，国籍法第３条でその要件を規定していますが，日本人父に認知された外国籍の20歳未満の子を対象とし，法務大臣への届出によって日本国籍を取得できることを認めた制度です。国籍法の改正により，当初は，準正嫡出子をその対象として昭和60年１月１日にスタートした制度ですが，その後，さらに改正があり，嫡出子であることの要件は必要なくなりました（平成20年法律第88号による国籍法第３条の改正，同年12月18日民一3300号通達第１参照）。

　国籍取得届出手続の窓口は，住所地の管轄法務局の国籍担当部署となりますので，出頭する前に，事前に電話による予約を取った上で，出向くよう案内をしてください。

　手続終了後は，日本人となったため，国籍取得届という戸籍への記載（記録）のための届出が必要となります。

事例１	国籍取得届出による国籍取得事項の記録

⑴　戸籍の記載例

ア　コンピュータ戸籍の記載例

（国籍取得後の子の新戸籍）

本　　　籍	東京都豊島区東池袋一丁目８００番地	→ ❼
氏　　　名	甲野　梅子	→ ❻
戸籍事項 　戸籍編製	【編製日】平成３０年９月３０日	→ ❷

144

第11章　国籍の取得

戸籍に記録されている者	【名】梅子 【生年月日】平成２０年５月１日 【父】甲野義太郎 【母】劉華子 【続柄】長女
身分事項 　出　　生　❽	【出生日】平成２０年５月１日 【出生地】中国○◎省▽□県
認　　知　❾	【認知日】平成２６年３月３０日 【認知者氏名】甲野義太郎 【認知者の戸籍】東京都北区滝野川九丁目１０番　甲野義太郎 【受理者】東京都北区長
国籍取得	【国籍取得日】平成３０年９月１０日　　　　　→　❶ 【届出日】平成３０年９月３０日　　　　　　→　❷ 【届出人】親権者母　　　　　　　　　　　　→　❸ 【取得の際の国籍】中国　　　　　　　　　　→　❹ 【従前の氏名】劉梅子　　　　　　　　　　　→　❺

（認知した父の身分事項欄）

認　　知	【認知日】平成２６年３月３０日 【認知した子の氏名】劉梅子 【認知した子の国籍】中国 【認知した子の生年月日】西暦２００８年５月１日 【認知した子の母の氏名】劉華子
子の国籍取得　❿	【子の国籍取得日】平成３０年９月１０日 【子の氏名】甲野梅子 【子の新本籍】東京都豊島区東池袋一丁目８００番地 【記録日】平成３０年１０月５日

(2)　本記載例のポイント

ア　インデックス（❶〜❼）から国籍取得届出の際の審査の手法を読み解く

❶【国籍取得日】は，法務大臣に対する国籍取得の届出は，適法な届出であると認められるときに受け付けられることから，その受け付けの日が，国籍取得の日となります（国３条２項，上記3300号通達第１の２(2)）。

❷【届出日】は，法務局長（又は地方法務局長）発行の国籍取得証明書を添付の上，市区町村長に国籍取得届書を提出し受理された日です。国籍取得日に効力が発生していますから，報告的届出であって，取得日を第１日目として１か月以内に届出し（戸102条），この日で戸籍を編製

145

第11章　国籍の取得

するのです。

❸【届出人】は，国籍取得した本人が未成年ですから，法定代理人である親権者母が本人に代わって届出したものです（戸31条）。

❹【取得の際の国籍】は，法務大臣への国籍取得届出時の本人が有していた国籍です。この国籍取得届出で，本人は二重国籍者になった可能性があります。将来，本人が，国籍法第14条に基づいて国籍の選択をする場合に，二重国籍者であるかどうかの審査のためにも必要となる記録です。

❺【従前の氏名】は，法務大臣への国籍取得届出時の本人の外国人としての氏名です。国籍取得後の日本人としての氏名と必ずしも同一とは限らないため，その同一性や関連性を付けるために記録するものです。

以上の❶，❹及び❺は，法務局長が発行する国籍取得証明書に記載があります。国籍取得届出の審査の際は，双方にそごがないかどうかよく見ることが肝要です。

❻の氏名は，本事例の場合は，法務大臣への国籍取得届出の際に定めることになる（自由に定めることができる）ことから，本人（15歳未満の場合は法定代理人。国18条）が任意に定めた氏名ということになります。国籍取得証明書の中に，「国籍を取得した者の国籍取得後の氏名」という欄に記載されていますので，しっかりチェックしましょう。

氏については，実務では，認知した日本人父の氏と同じ呼称（表記上も）の氏に定めた届出が多く見受けられます。

❼の本籍は，❻と同様に自由に定めたものです。国籍取得証明書の「国籍を取得した者の入るべき戸籍及び身分事項」という欄に，『東京都豊島区東池袋一丁目800番地に新戸籍を編製する。』旨の記載があります。これに基づき，届書の「下記の新しい戸籍をつくる」にチェックがあり，その下の新本籍と筆頭者の氏名欄に同本籍地番と本人の氏名が記載されているかを審査するのです。

イ　タイトル（❽～❿）から国籍取得届出後の処理の手法を読み解く

❽の出生事項は，国籍取得証明書に，生年月日，出生場所の記載がありますから，それで戸籍の記録（入力）をします。また，父母の氏名，

父母との続柄も記載されていますから，戸籍に記録されている者の欄も記録できるのです。

❾の認知事項は，国籍取得証明書の「国籍を取得した者の入るべき戸籍及び身分事項」の欄に記載がありますので，そのとおり記録します。この認知事項に【送付を受けた日】のインデックスがありませんが，認知届出当時は外国籍者だったので，届書の送付はなかったことによるものです。

❿の子の国籍取得事項は，認知した外国籍の子が，認知後の国籍取得届出によって日本人となり，新戸籍を編製しましたので，検索機能の面から関連させておく必要があることから記録するものです（将来の相続手続や近親婚の審査等においても必要となります。）。この部分の記載も「国籍取得証明書の国籍を取得した者の入るべき戸籍及び身分事項」の欄に記載がありますので，それに基づいて記録することになります。【記録日】は，本事例の梅子は，父の戸籍に入籍できないことから，東京都豊島区長から国籍取得届書謄本と国籍取得証明書の写しを送付してもらった東京都北区長が，子の国籍取得事項を職権で記録した日のことです（父の戸籍に記載するための子の国籍取得届出という届出はない。）。

ウ 国籍取得届出後，子が父と同籍を希望する場合は？

本事例の甲野梅子は，嫡出でない子です。身分事項欄に認知事項があることによってそれが分かります（戸規39条1項2号）。そのため，父の氏を称することができず，かつ父の戸籍に入ることができません。甲野の氏は呼称（表記）上同じだけにすぎません。

嫡出でない子は，母の氏を称します（民790条2項）が，梅子の母は外国籍者のため，称する氏がないことから，上記で説明したように任意（自由）に氏を定めたものです。したがって，戸籍法第18条の適用もないため，本人について新戸籍を編製するほかなかったのです。

呼称（表記）上氏が同じであれば，父と同籍させたいと希望することは十分考えられるところです。母から相談があった場合は，父の氏を称する入籍の手続（家庭裁判所の許可を要する。民791条，戸98条）を踏めば，同籍することができるとの指導をすることができます。

第12章

戸籍訂正

 除籍・入籍から嫡出否認による戸籍訂正処理について読み解く

　最後に取り上げるのが「戸籍訂正」です。実務で比較的に多い事例を挙げ，その記載例から読み解くべき事項について整理します。

　離婚後300日以内に出生した子に対して，戸籍上の父（母の前夫）との嫡出否認の裁判確定の場合と，父子関係不存在確認の裁判確定の場合について，記載例の違いとその意味に関して整理したいと思います。

　考え方を理解すれば，決して難しくありません。

| 事例1 | 離婚後300日以内に出生した子に対して，前夫が嫡出否認の裁判を確定させ，戸籍訂正申請したことによる消除，除籍，入籍の記録 |

(1)　戸籍の記載例

ア　コンピュータ戸籍の記載例

（前夫の戸籍中，子の身分事項欄）

出　　生	【出生日】平成28年8月7日 【出生地】東京都豊島区 【届出日】平成28年8月15日 【届出人】母
親　　権	【親権者】母　　　　　→民819条3項によるため消除せず！
消　除❶	【消除日】平成28年12月1日 【消除事項】父の氏名　　　　→紙戸籍は父欄に朱線！ 【消除事由】嫡出子否認の裁判確定

第12章　戸籍訂正

除　　籍❷	【裁判確定日】平成２８年１１月１１日 【申請日】平成２８年１２月１日 【申請人】甲野義太郎　　　　→父ではないので氏名で！ 【関連訂正事項】父母との続柄　　→紙戸籍は朱線し母！ 【従前の記録】　　　　　　　　　　　との続柄に訂正！ 　　【父】甲野義太郎　　　　　　　｝消除記録や訂正前 　　【父母との続柄】長男　　　　　｝記録は下段に！
	【除籍日】平成２８年１２月１日 【除籍事由】嫡出子否認の裁判確定 【裁判確定日】平成２８年１１月１１日 【申請日】平成２８年１２月１日 【申請人】甲野義太郎 【入籍戸籍】東京都豊島区東池袋一丁目８００番地　乙川花子

（離婚後の母の戸籍中，子の身分事項欄　→　出生当時の戸籍）

出　　生	【出生日】平成28年8月7日 【出生地】東京都豊島区 【届出日】平成28年8月15日 【届出人】母
入　　籍❸	【入籍日】平成28年12月1日 【入籍事由】嫡出子否認の裁判確定 【裁判確定日】平成28年11月11日 【申請日】平成28年12月1日 【申請人】甲野義太郎 【従前戸籍】東京都豊島区東池袋八丁目80番地　甲野義太郎

イ　紙戸籍の記載例

（前夫の戸籍中，子の身分事項欄）

　　平成弐拾八年拾壱月拾壱日嫡出子否認の裁判確定同年拾弐月壱日甲野

　　　　　　　　　　　　　　↓❶続柄を母との続柄に訂正する。

義太郎申請父の記載消除父母との続柄訂正東京都豊島区東池袋一丁目八

　　　　↑❶父欄の氏名に朱線施す。

百番地乙川花子戸籍に入籍につき除籍㊞

　　　　　　　　　　↑❷名欄に朱線交叉を施す。

（離婚後の母の戸籍中，子の身分事項欄　→　出生当時の戸籍）

　　平成弐拾八年拾壱月拾壱日嫡出子否認の裁判確定同年拾弐月壱日甲野

義太郎申請東京都豊島区東池袋八丁目八十番地甲野義太郎戸籍から入

籍㊞　　　　　　　　　　　　　　❸出生事項の後に記載する。↑

149

第12章　戸籍訂正

(2)　本記載例のポイント

ア　❶〜❸のタイトルによる記録から読み解くべき事項

❶の消除のタイトルからは，民法772条により父であると推定された前夫が，出生子は自己の子ではないとして，同法774条により嫡出であることを否認し，同法775条による嫡出否認の裁判を確定させたため，戸籍法116条1項の戸籍訂正申請によって父欄の氏名を消除したものであると読み解きます。

❷の除籍のタイトルからは，嫡出否認の裁判確定により，出生子は嫡出でない子になったため，出生当時の戸籍である母の離婚後の戸籍に入籍すべく除籍の記録をし，戸籍に記録されている者欄に ［除籍］ マークを表示させたものと読み解きます。確定した裁判名は，『嫡出否認の裁判』ですが，戸籍への記載は『嫡出子否認の裁判確定』と，“子”が入ります。そのため，【消除事由】【除籍事由】さらに【入籍事由】の記録が，それぞれ『嫡出子否認の裁判確定』となっているのです。

❸の入籍のタイトルからは，❷の除籍と表裏一体であるとともに，嫡出否認の裁判確定により，母の前夫である戸籍上の父の嫡出性が排除されたため，出生当時の母の戸籍に入籍させるべく，戸籍訂正申請によって入籍させたものと読み解きます。母との関係及び出生の届出は正当であるため，出生事項はそのまま移記します。

なお，親権事項は，入籍後の戸籍では父欄が空欄になり，嫡出でない子と容易に判断できるため，入籍後の戸籍には移記しません（紙戸籍も同じ）。

イ　除籍して入籍するとの処理ついて

通常の夫婦生活において，妻が夫以外の男性の子を懐胎し，民法772条によって夫の子と推定されたため，夫が自己の子ではないとして訴えるのが嫡出否認の裁判です。子は，同条によって夫の子と推定されたため，出生の届出によって夫の戸籍に入籍したことは，法律上当然の結果であって誤りではなかったことになります（戸53条参照）。その後，嫡出否認の裁判によって夫の嫡出性が排除され，子は嫡出でない子となったため，夫の戸籍から除籍して，出生当時の離婚後の母の戸籍に入籍する

150

第12章　戸籍訂正

との処理になったのです。

 消除・移記から親子関係不存在確認による戸籍訂正処理について読み解く

| 事例2 | 離婚後300日以内に出生した子に対して，母が前夫との親子関係不存在確認の裁判を確定させ，戸籍訂正申請したことによる消除，移記の記録 |

(1) 戸籍の記載例

ア　コンピュータ戸籍の記載例

(前夫の戸籍中，子の身分事項欄)

出　　生	【出生日】平成28年8月7日 【出生地】東京都豊島区 【届出日】平成28年8月15日 【届出人】母
親　　権	【親権者】母　　　　　　　→民819条3項によるため消除せず！
消　除❶	【消除日】平成28年12月1日 【消除事項】父の氏名　　　　　→紙戸籍は父欄に朱線！ 【消除事由】甲野義太郎との親子関係不存在確認の裁判確定 【裁判確定日】平成28年11月11日 【申請日】平成28年12月1日 【申請人】母 【関連訂正事項】父母との続柄　　→紙戸籍は朱線し母 【従前の記録】　　　　　　　　　との続柄に訂正！ 　　【父】甲野義太郎　　　　　　消除記録や訂正前 　　【父母との続柄】長男　　　　記録は下段に！
移　記❹	【移記日】平成28年12月1日 【移記事項】出生事項 【移記事由】甲野義太郎との親子関係不存在確認の裁判確定 【裁判確定日】平成28年11月11日 【申請日】平成28年12月1日 【申請人】母 【移記後の戸籍】東京都豊島区東池袋一丁目800番地　乙川花子

第12章　戸籍訂正

（離婚後の母の戸籍中，子の身分事項欄　→　出生当時の戸籍）

出　　　生	【出生日】平成２８年８月７日 【出生地】東京都豊島区 【届出日】平成２８年８月１５日 【届出人】母
移　　　記❹	【移記日】平成２８年１２月１日 【移記事由】甲野義太郎との親子関係不存在確認の裁判確定 【裁判確定日】平成２８年１１月１１日 【申請日】平成２８年１２月１日 【申請人】母 【移記前の戸籍】東京都豊島区東池袋八丁目８０番地　甲野義太郎

イ　紙戸籍の記載例

（前夫の戸籍中，子の身分事項欄）

　　平成弐拾八年拾壱月拾壱日甲野義太郎との親子関係不存在確認の裁判
　　　　　　　　　　　　❶続柄を母との続柄に訂正する。↓
確定同年拾弐月壱日母申請父の記載消除父母との続柄訂正東京都豊島区
　　　　　　　　　　　　　　　　↑❶父欄の氏名に朱線施す。
東池袋一丁目八百番地乙川花子戸籍に移記につき消除㊞
　　　　❹名欄に朱線交叉を施す。↑

（離婚後の母の戸籍中，子の身分事項欄　→　出生当時の戸籍）

　　平成弐拾八年拾壱月拾壱日甲野義太郎との親子関係不存在確認の裁判
確定同年拾弐月壱日母申請東京都豊島区東池袋八丁目八十番地甲野義太
郎戸籍から移記㊞
　　　　　　　　　　　　❹出生事項の後に記載する。↑

(2)　**本記載例のポイント**

ア　**❶と❹のタイトルによる記録から読み解くべき事項**

　　❶の消除のタイトルからは，民法772条の嫡出推定は及ばない子であ
るため，子の親権者である母が，前夫は子の父ではないとして父子関係
不存在確認の裁判を確定させたため，戸籍法116条の戸籍訂正申請に
よって子の父欄からその氏名を消除したものであると読み解きます
（注）。【消除事由】の記録内容を除けば，処理的には**事例１**（148頁）の
嫡出子否認の場合と同じということです。

　　前夫の戸籍の❹移記のタイトルからは，子は，出生当時から民法772
条の嫡出推定を受けていないため，親子関係不存在確認の裁判確定によ
り，嫡出でない子として出生当時の母の戸籍（離婚後の母の戸籍）に，

第12章　戸籍訂正

出生事項とともに移動させるべく，戸籍訂正申請によって記録したものであり，戸籍に記録されている者欄には $\boxed{消除}$ マークを表示させたものと読み解きます。なお，母との関係と出生の届出は正当であるため，出生事項には何も手を加えません（紙戸籍も同じ）。

母の戸籍の❹移記のタイトルからは，上記の移記と表裏一体であるとともに，出生当時から嫡出でない子と判明したため，戸籍訂正申請によって出生当時の母の戸籍に出生事項とともに，名，生年月日，母の氏名及び続柄を記録したものであると読み解きます。母との関係と出生の届出は正当であるため，出生事項はそのまま移記しますが，段落ちタイトルで記録します。

なお，親権事項については，**事例1**（150頁）と同じです。

> (**注**)　嫡出否認又は親子関係不存在確認の訴訟（人訴2条2号）については，まず家庭裁判所の調停に付され（いわゆる調停前置主義—家事257条），家事事件手続法277条による審判（合意に相当する審判）が確定したときは，確定判決と同一の効力が与えられます（家事281条）。

イ　消除して移記するとの処理について

表見上民法772条の範囲内の出生子であっても，夫の長期不在等（例：刑事施設に収監等）により，夫の子を懐胎し得ない客観的な事由がある場合は，そもそも同条の適用を受けないとの考え方から，嫡出否認の裁判によることなく，本事例の親子関係不存在確認の裁判を提起することができるとされています。

上記裁判の結果，子は，出生当初から嫡出子ではなかったことが判明したため，出生の届出によって母の前夫の戸籍に入籍したのは結果として誤りだったことから，夫の戸籍から消除し，母の戸籍へ移記させる処理としたのです。紙戸籍の記載の最後が「移記につき消除」となっていることからも分かります。**事例1**の嫡出否認とは性質が異なることから，必然的に記録（記載）の上でも異なる処理となったのです。

なお，【消除事由】と【移記事由】にある「甲野義太郎との」の記録は，親子関係不存在確認の裁判では母との関係もあり得ることから，氏名を記録（記載）することで，父子関係なのか母子関係なのかを明らか

153

第12章　戸籍訂正

にしたものです。嫡出否認の裁判の場合は，父との関係のみに限定されますから，【除籍事由】及び【入籍事由】には，前夫の氏名は記録しないのです。

③ 母が外国人の場合の嫡出否認による戸籍訂正処理について読み解く

次に，父母のうち母が外国籍者の場合に，日本人父の嫡出否認の裁判が確定した場合の訂正処理について，その後の手続を含めて整理することにします。

日本人父との嫡出性が排除されると，父子関係が消滅することから，国籍法2条1号の要件を欠くことになり，子の国籍にも変動を来たすことになります。父母が日本人の場合と異なり，父の戸籍から母の戸籍へ移動させるという処理はできないことから，子に関して，その後の手続を指導・案内する必要がありますので，しっかり押さえましょう。

事例3	離婚後300日以内にフィリピン人母から出生した子に対して，日本人前夫が嫡出否認の裁判を確定させ，戸籍訂正申請したことによる戸籍の記録全部消除の記録

(1) 戸籍の記載例

ア　コンピュータ戸籍の記載例

（離婚後の前夫の戸籍）

本　　籍	東京都豊島区東池袋一丁目800番地
氏　　名	甲野　義太郎
戸籍事項 　戸籍編製	【編製日】平成26年1月8日
戸籍に記録されている者	【名】義太郎 【生年月日】昭和55年5月1日 【父】甲野忠治

154

第12章　戸籍訂正

		【母】甲野花子
		【続柄】長男
身分事項		
	出　　生	（出生事項省略）
	婚　　姻	【婚姻日】平成２６年１月８日 【配偶者氏名】アーティアート，ミラー 【配偶者の国籍】フィリピン国 【配偶者の生年月日】西暦１９８３年３月３日 【従前戸籍】東京都千代田区平河町一丁目４番地　甲野忠治
	離　　婚	【離婚日】平成２７年１０月１０日 【配偶者氏名】アーティアート，ミラー 【配偶者の国籍】フィリピン国
戸籍に記録されている者 　消　　除　❷		【名】桃子 【生年月日】平成２８年５月１０日 【父】甲野義太郎 【母】アーティアート，ミラー 【続柄】長女
身分事項		
	出　　生	【出生日】平成２８年５月１０日 【出生地】東京都豊島区 【届出日】平成２８年５月２０日 【届出人】母
	親　　権	【親権者】母
	消　　除　❶	❶【消除日】平成２８年１１月１５日 【消除事項】戸籍の記録全部　→　出生事項＋親権事項＋❷ 【消除事由】嫡出子否認の裁判確定 【裁判確定日】平成２８年１０月２２日 【申請日】平成２８年１１月１５日 【申請人】甲野義太郎

イ　紙戸籍の記載例

　（離婚後の前夫の戸籍中，子の身分事項欄）

　　　平成弐拾八年拾月弐拾弐日嫡出子否認の裁判確定同年拾壱月拾五日甲
　野義太郎申請戸籍の記載**全部消除**㊞
　　　　　　　　　　　　　　↓
　　　　　❶身分事項欄の出生事項と親権事項に朱線交叉！
　　　　　❷生年月日欄，父母欄，続柄欄を含む名欄全体に朱線交叉！

155

第12章　戸籍訂正

(2)　本記載例のポイント

ア　❶の消除のタイトルとインデックスの【消除事項】から読み解くべき事項

　　嫡出否認の裁判確定により，前夫の嫡出性が排除され，子は外国人母から生まれた嫡出でない子と判明したことになります。したがって，日本人として戸籍に記載（記録）したのは，結果として誤りだったことになるのです。日本人前夫甲野義太郎は父ではないことから，国籍法2条1号の要件を欠くこととなり，そのため子は，出生当初から日本国籍を取得しなかったことになります。よって，戸籍に記録した事項の全部を消除する必要があるのです。

　　以上から，前夫からの戸籍訂正申請によって，子の身分事項欄の出生事項と親権事項，さらに，生年月日，父母欄及び続柄欄を含めた名欄全体を消除すべきとして，消除の記録をしたものであると読み解きます。

　　コンピュータ戸籍では朱線交叉ができませんので，「【消除事項】戸籍の記録全部」との記録から，身分事項欄の出生事項と親権事項に，紙戸籍の処理である朱線交叉と同じ処理をしたものであると読み解くということです。

イ　❷の消除マークから読み解くべき事項

　　紙戸籍での処理である，名欄全体への朱線交叉による消除の処理であると読み解きます。併せてタイトル❶とインデックス❶から，戸籍に記録した事項の全部を消除したものであることも読み解くということです。

　　日本の国籍を有しない者については，戸籍に記録されている者の欄には記録できませんので，出生の届出によって記録した事項の全部を消除する必要があるのです。

ウ　戸籍から消除された子のその後について読み解くべき事項

　　嫡出否認の裁判確定により父との法的親子関係は消滅しましたが，母との関係は正当であること，出生の届出を母がしていることから，出生の届出自体は正当であるということになります。しかし，出生の届出は，日本人父・外国人母間の嫡出子としての届出であったことから，これを外国人母からの嫡出でない子としての出生の届出に改めなければなりま

156

第12章　戸籍訂正

せん。出生届書を直接訂正することは許されません。そこで，当初の出生の届出の内容に誤りがあったため，これを是正するとの届出を別途すればよいのです。その届出が追完の届出です。

以上から，本事例の訂正処理の消除の記録から，その後は，出生届出に対する追完届出が必要であることも読み解く必要があります。

したがって，戸籍訂正（消除）の処理後は，出生届出の届出人である母に対して，追完の届出をするよう案内及び指導をしなければなりません。

なお，外国人母からすべき追完の届出の内容は，次のとおりとなります。

↓

①　出生届書(1)の子の氏名欄を，**アーティアート，モモコ**と訂正する。
②　出生届書(1)の父母との続き柄欄を，**嫡出でない子としての長女**（母からの嫡出でない子としての出生の順序で）と訂正する。
③　出生届書(5)の父欄の記載を，**消除**する。
④　出生届書(6)の**本籍及び筆頭者の氏名**の記載を消除し，**母の国籍フィリピン国と記載**する。

出生の届出を父（甲野義太郎）がしている場合は，同居者であった場合に限り正当な出生の届出と認められます（戸籍法52条3項により届出義務者であるため）が，そうでない場合は，同人は届出義務者でも届出資格者でもないため，母から新たに出生の届出をすることになりますので留意しましょう。

④ 戸籍上の父母双方との親子関係不存在確認の訂正処理について読み解く

戸籍訂正編の最後は，父母双方との親子関係不存在確認の裁判が確定した場合の考え方について，整理します。実務では，あまり見かけないと思いますが，いざというときに慌てることなく，処理できるようにしておくことも必要です。

157

第12章　戸籍訂正

事例4	嫡出子として入籍している子に対し，戸籍上の父母双方との親子関係不存在確認の裁判を確定させたとして，真実の母からなされた戸籍訂正申請による消除の記録

⑴　戸籍の記載例

ア　コンピュータ戸籍の記載例

（戸籍上の父母の戸籍）

本　　籍	東京都豊島区東池袋一丁目８００番地
氏　　名	甲野　義太郎
戸籍事項 　　戸籍編製	【編製日】平成２６年８月８日
戸籍に記録されている者	【名】義太郎 【生年月日】昭和６０年８月１日　　　　　【配偶者区分】夫 【父】甲野幸雄 【母】甲野竹代 【続柄】長男
身分事項 　　出　　生 　　婚　　姻	（出生事項省略） （婚姻事項省略）
戸籍に記録されている者	【名】梅子 【生年月日】昭和６２年５月１日　　　　　【配偶者区分】妻 【父】乙川忠治 【母】乙川春子 【続柄】二女
身分事項 　　出　　生 　　婚　　姻	（出生事項省略） （婚姻事項省略）
戸籍に記録されている者 　消　　除　❷	【名】桃子 【生年月日】平成２７年６月１８日 【父】甲野義太郎 【母】甲野梅子

158

第12章　戸籍訂正

| | 【続柄】長女 |
| 身分事項
　　消　　除　❶
　　　　　　　❶ | 【消除日】平成２８年１２月１５日
【消除事項】出生事項
【消除事由】甲野義太郎及び同人妻梅子との親子関係不存在確
　　認の裁判確定
【裁判確定日】平成２８年１１月２２日
【申請日】平成２８年１２月１５日
【申請人】丙山幸子
【従前の記録】　　　　　**↓出生事項を下段に落とす！**
【出生日】平成２７年６月１８日
【出生地】東京都豊島区
【届出日】平成２７年６月３０日
【届出人】父 |

イ　紙戸籍の記載例

（戸籍上の父母の戸籍中，子の身分事項欄）

　　平成弐拾八年拾壱月弐拾弐日甲野義太郎及び同人妻梅子との親子関係
不存在確認の裁判確定同年拾弐月拾五日丙山幸子申請**消除**㊞

　　　　　　　　　　　　　　　　　　　　　　　　↓

　　　　　　　　　❶身分事項欄の出生事項に朱線交叉！
　　　　　　　　　❷生年月日欄，父母欄，続柄欄を含む名欄全体に朱線交叉！

(2)　**本記載例のポイント**

ア　**❶の消除のタイトルとインデックスの【消除事項】から読み解くべき
事項**

　　戸籍上の父母双方と親子関係にないことが判明しましたので，結果と
して父甲野義太郎がした出生の届出は誤り（虚偽）だったことになりま
す。そのため，出生事項を消除する必要があるのです。つまり，全くの
他人の戸籍に嫡出子として入籍したことが誤りだったということです。

　　真実の母である丙山幸子からの戸籍訂正申請によって，子の身分事項
欄の出生事項を消除すべきとして，消除の記録をしたものであると読み
解きます。

　　コンピュータ戸籍では朱線交叉ができませんので，「【消除事項】出生
事項」との記録及び【従前の記録】として下段に落とした出生事項から，
身分事項欄の出生事項に，紙戸籍の処理である朱線交さと同じ処理をし

159

第12章　戸籍訂正

たものであると読み解きます。

イ　❷の消除マークから読み解くべき事項

　紙戸籍での処理である，生年月日欄，父母欄，続柄欄を含む名欄全体への朱線交さによる消除の処理であると読み解きます。甲野義太郎・梅子夫婦の子ではないことが判明し，出生の届出が虚偽だったことが判明したため，名欄全体の記録も誤りだったことによる訂正の処理であると読み解きます。

ウ　戸籍から消除された子のその後について読み解くべき事項

　戸籍上の父母双方との親子関係不存在確認の裁判の中で，真実の母が判明（真実の母が裁判を提起しているので）し，その母が日本人だったこと，さらに，子の出生の事実は正当であるため，「【消除事項】戸籍の記録全部」とはせず，「【消除事項】出生事項」としたのです。紙戸籍の記載も単に「消除」としています。

　しかしながら，出生の届出については，虚偽の届出となったため，真実の母から，新たに出生の届出をする必要があります。真実の母からの出生届出に際し，出生証明書が得られない場合は，上記裁判の判決（審判）書の中に真実の母の本籍と氏名が記載され母子関係の存在が認められれば，これをもって出生証明書に代えることができます（戸49条3項ただし書，昭42・8・4民事甲2152号回答参照）。戸籍訂正申請書に添付された判決（審判）書の理由までしっかり読んで，その後の手続をどうすべきか指導・案内をする必要があるのです。

参考　コンピュータ戸籍のタイトル及びインデックス一覧

【参考】コンピュータ戸籍のタイトル及びインデックス一覧

〈細目次〉

1　戸籍事項 ·· 164
　(1)　戸籍編製事項の記録 ·· 164
　(2)　戸籍消除事項の記録 ·· 164
　(3)　戸籍回復事項の記録 ·· 164
　(4)　戸籍改製事項の記録 ·· 165
　(5)　戸籍再製事項の記録 ·· 165
　(6)　戸籍法69条の2の氏変更の記録 ··· 165
　(7)　戸籍法73条の2の氏変更の記録 ··· 165
　(8)　戸籍法75条の2の氏変更の記録 ··· 165
　(9)　戸籍法77条の2の氏変更の記録 ··· 165
　(10)　戸籍法107条1項の氏変更の記録 ·· 165
　(11)　戸籍法107条2項の氏変更の記録 ·· 166
　(12)　戸籍法107条3項の氏変更の記録 ·· 166
　(13)　戸籍法107条4項の氏変更の記録 ·· 166
　(14)　転籍事項の記録 ·· 166
2　身分事項 ·· 166
　(1)　出生届／子の記録 ··· 166
　(2)　出生届／母の記録 ··· 167
　(3)　認知届／被認知者の記録 ·· 168
　(4)　認知届／認知者の記録 ··· 169
　(5)　認知届／被認知者の直系卑属の記録 ·· 170
　(6)　養子縁組届／養子の記録 ·· 171
　(7)　養子縁組届／養親の記録 ·· 172
　(8)　養子縁組届／養子の配偶者の記録 ·· 174
　(9)　養子離縁届／養子の記録 ·· 174
　(10)　養子離縁届／養親の記録 ·· 175
　(11)　養子離縁届／養子の配偶者の記録 ·· 176
　(12)　特別養子縁組届／養子の従前戸籍の記録 ··· 176
　(13)　特別養子縁組届／養子の新戸籍の記録 ·· 177
　(14)　特別養子縁組届／養子の入籍戸籍の記録 ··· 178
　(15)　特別養子縁組届／養親の記録 ·· 178
　(16)　特別養子縁組届／養親の新戸籍の記録 ·· 179
　(17)　特別養子離縁届／養子の記録 ·· 180
　(18)　特別養子離縁届／養親の記録 ·· 180
　(19)　婚姻届／夫又は妻の記録 ·· 181
　(20)　離婚届／夫又は妻の記録 ·· 181

161

参考　コンピュータ戸籍のタイトル及びインデックス一覧

(21)　親権（管理権）届／親権に服する者の記録 ……………………………… 182

(22)　未成年の後見届／未成年被後見人の記録 ……………………………… 184

(23)　死亡届／死亡者の記録 …………………………………………………… 187

(24)　死亡届／死亡者の生存配偶者の記録 …………………………………… 188

(25)　死亡／高齢者の消除の記録 ……………………………………………… 188

(26)　失踪届／失踪者の記録 …………………………………………………… 188

(27)　失踪届／失踪者の生存配偶者の記録 …………………………………… 189

(28)　復氏届／復氏者の記録 …………………………………………………… 189

(29)　復氏届／復氏者の配偶者の記録 ………………………………………… 189

(30)　姻族関係終了届／姻族関係の終了した生存配偶者の記録 …………… 190

(31)　推定相続人廃除届／推定相続人廃除をされた者の記録 ……………… 190

(32)　入籍届／入籍する者の記録 ……………………………………………… 191

(33)　入籍届／子の入籍による父又は母の記録 ……………………………… 191

(34)　入籍届／入籍する者の配偶者の記録 …………………………………… 192

(35)　分籍届／分籍者の記録 …………………………………………………… 192

(36)　国籍取得届／国籍取得者の記録 ………………………………………… 192

(37)　国籍取得届／国籍取得者の父母の記録 ………………………………… 193

(38)　国籍取得届／国籍取得者の養父母の記録 ……………………………… 194

(39)　国籍取得届／国籍取得者の配偶者の記録 ……………………………… 194

(40)　国籍取得届／国籍取得者の子の記録 …………………………………… 195

(41)　国籍取得届／国籍取得者の養子の記録 ………………………………… 195

(42)　帰化届／帰化者の記録 …………………………………………………… 196

(43)　帰化届／帰化者の父母の記録 …………………………………………… 196

(44)　帰化届／帰化者の養父母の記録 ………………………………………… 197

(45)　帰化届／帰化者の配偶者の記録 ………………………………………… 197

(46)　帰化届／帰化者の子の記録 ……………………………………………… 198

(47)　帰化届／帰化者の養子の記録 …………………………………………… 198

(48)　帰化届／後見人の帰化の記録 …………………………………………… 199

(49)　帰化届／保佐人の帰化の記録 …………………………………………… 199

(50)　国籍喪失届／国籍喪失者の記録 ………………………………………… 199

(51)　国籍喪失届／国籍喪失者の配偶者の記録 ……………………………… 200

(52)　国籍選択届／国籍選択者の記録 ………………………………………… 200

(53)　外国国籍喪失届／外国国籍喪失者の記録 ……………………………… 201

(54)　名の変更届／名の変更者の記録 ………………………………………… 201

(55)　就籍届／就籍者の記録 …………………………………………………… 201

(56)　戸籍法69条の2の届／縁氏を称する者の記録 ………………………… 202

(57)　戸籍法73条の2の届／縁氏を称する者の記録 ………………………… 202

(58)　戸籍法75条の2の届／婚氏を称する者の記録 ………………………… 202

(59)　戸籍法77条の2の届／婚氏を称する者の記録 ………………………… 202

(60)　戸籍法107条2項の届／氏の変更者の記録 …………………………… 202

参考　コンピュータ戸籍のタイトル及びインデックス一覧

(61) 戸籍法107条3項の届／氏の変更者の記録･･････････････････････････202
(62) 戸籍法69条の2の届／縁氏を称する者の配偶者の記録････････････202
(63) 戸籍法73条の2の届／縁氏を称する者の配偶者の記録････････････202
(64) 戸籍法75条の2の届／婚氏を称する者の配偶者の記録････････････202
(65) 戸籍法77条の2の届／婚氏を称する者の配偶者の記録････････････202
(66) 戸籍法107条3項の届／氏の変更者の配偶者の記録･･････････････203
(67) 戸籍法107条4項の届／氏の変更者の記録･･････････････････････203
(68) 養子縁組取消届／養子の記録･････････････････････････････････････203
(69) 養子縁組取消届／養親の記録･････････････････････････････････････204
(70) 養子縁組取消届／養子の配偶者の記録･････････････････････････････205
(71) 養子離縁取消届／養子の記録･････････････････････････････････････205
(72) 養子離縁取消届／養親の記録･････････････････････････････････････206
(73) 養子離縁取消届／養子の配偶者の記録･････････････････････････････206
(74) 婚姻取消届／夫又は妻の記録･････････････････････････････････････206
(75) 離婚取消届／夫又は妻の記録･････････････････････････････････････207
(76) 失踪宣告取消届／失踪宣告を取り消された者の記録･････････････････207
(77) 失踪宣告取消届／失踪宣告を取り消された者の配偶者の記録･･･････････208
(78) 推定相続人廃除取消届／推定相続人廃除を取り消された者の記録･･･････208
(79) 帰化届／未成年後見人の帰化の記録･･･････････････････････････････209
(80) 国籍取得届／未成年後見人の国籍取得の記録･･･････････････････････209
(ア) 訂正／基本事項の訂正の記録･････････････････････････････････････209
(イ) 訂正／基本事項の文字訂正の記録･････････････････････････････････210
(ウ) 記録／基本事項の記録･･･210
(エ) 消除／基本事項の消除の記録･････････････････････････････････････211
(オ) 移記／移記による基本事項の消除の記録･････････････････････････････211
(カ) 入籍／入籍の記録･･･212
(キ) 入籍／子の入籍による父母の入除籍の記録･････････････････････････212
(ク) 除籍／除籍の記録･･･213
(ケ) 回復／回復の記録･･･213
(コ) 引取り／棄児引取りによる出生事項の消除の記録･･･････････････････214
(サ) 子の復籍／子の復籍による父母の入除籍の記録･････････････････････214
(シ) 更正／基本事項の更正の記録･････････････････････････････････････215
(ス) 更正／基本事項の文字更正の記録･････････････････････････････････215
(セ) 追完／基本事項の追完の記録･････････････････････････････････････215
(ソ) 外国人配偶者の国籍変更／日本人配偶者の記録･････････････････････216
(タ) 外国人配偶者の氏名変更／日本人配偶者の記録･････････････････････216
(チ) 平成15年法律第111号3条の記録･････････････････････････････216

163

参考　コンピュータ戸籍のタイトル及びインデックス一覧

コンピュータ戸籍のタイトル及びインデックス一覧

〔平成6年11月16日民二7002号通達別紙3・4（戸籍情報システム標準仕様書第5．7．(1)ファイル一覧表，第5．8．(2)コード一覧表も同内容）より抜粋〕

※コンピュータ戸籍において使用されるタイトルとインデックスを示しました。インデックスは，本表の順序に従って記録されます。

1　戸籍事項

(1)　戸籍編製事項の記録

タイトル	No.	項目	インデックス
戸籍編製	1	許可	【許可日】
	2	編製	【編製日】
	3	特記	【特記事項】

(2)　戸籍消除事項の記録

タイトル	No.	項目	インデックス
戸籍消除	1	消除	【消除日】
	2	特記	【特記事項】

(3)　戸籍回復事項の記録

タイトル	No.	項目	インデックス
戸籍回復	1	回復	【回復日】
	2		【回復事項】
	3		【回復事由】
	4		【裁判確定日】
	5	申請	【申請日】
	6		【申請人】
	7		【申請人】
	8	送付	【通知を受けた日】
	9		【送付を受けた日】
	10		【受理者】
	11	許可	【許可日】
	12		【許可書謄本の送付を受けた日】
	13		【許可を受けた者】
	14	特記	【特記事項】

164

(4)　戸籍改製事項の記録

タイトル	No.	項目	インデックス
戸籍改製	1	改製	【改製日】
	2		【改製事由】
	3	特記	【特記事項】

(5)　戸籍再製事項の記録

タイトル	No.	項目	インデックス
戸籍再製	1	再製	【再製日】
	2	特記	【特記事項】

(6)　戸籍法69条の2の氏変更の記録
(7)　戸籍法73条の2の氏変更の記録
(8)　戸籍法75条の2の氏変更の記録
(9)　戸籍法77条の2の氏変更の記録

タイトル	No.	項目	インデックス
氏の変更	1	氏の変更	【氏変更日】
	2		【氏変更の事由】
	3	許可	【許可日】
	4		【許可書謄本の送付を受けた日】
	5		【許可を受けた者】
	6	従前の記録	【従前の記録】
	7	記録	【記録日】
	8	特記	【特記事項】

(10)　戸籍法107条1項の氏変更の記録

タイトル	No.	項目	インデックス
氏の変更	1	氏の変更	【氏変更日】
	2		【氏変更の事由】
	3	届出	【届出人】
	4		【届出人】
	5	送付	【送付を受けた日】
	6		【受理者】
	7	許可	【許可日】
	8		【許可書謄本の送付を受けた日】
	9		【許可を受けた者】

参考　コンピュータ戸籍のタイトル及びインデックス一覧

	No.	項目	インデックス
	10	従前の記録	【従前の記録】
	11	記録	【記録日】
	12	特記	【特記事項】

⑾　**戸籍法107条2項の氏変更の記録**

⑿　**戸籍法107条3項の氏変更の記録**

⒀　**戸籍法107条4項の氏変更の記録**

タイトル	No.	項目	インデックス
氏の変更	1	氏の変更	【氏変更日】
	2		【氏変更の事由】
	3	許可	【許可日】
	4		【許可書謄本の送付を受けた日】
	5		【許可を受けた者】
	6	従前の記録	【従前の記録】
	7	記録	【記録日】
	8	特記	【特記事項】

⒁　**転籍事項の記録**

タイトル	No.	項目	インデックス
転　　籍	1	転籍	【転籍日】
	2	入戸籍	【従前本籍】
	3	除戸籍	【新本籍】
	4	届出	【届出人】
	5		【届出人】
	6	送付	【送付を受けた日】
	7		【受理者】
	8	許可	【許可日】
	9		【許可書謄本の送付を受けた日】
	10		【許可を受けた者】
	11	従前の記録	【従前の記録】
	12	記録	【記録日】
	13	特記	【特記事項】

2　身分事項

⑴　**出生届／子の記録**

タイトル	No.	項目	インデックス
出　　生	1	出生	【出生日】

	2		【出生地】
	3	外国人父母	【父の国籍】
	4		【父の生年月日】
	5		【母の国籍】
	6		【母の生年月日】
	7	届出	【届出日】
	8		【航海日誌の謄本提出日】
	9		【届出人】
	10		【届出人の戸籍】
	11		【届出人の国籍】
	12		【届出人の生年月日】
	13	日本人父母	【父の氏名】
	14		【父の戸籍】
	15		【母の氏名】
	16		【母の戸籍】
	17	国籍留保	【国籍留保の届出日】
	18		【国籍留保の届出人】
	19		【国籍留保の届出人の国籍】
	20		【国籍留保の届出人の生年月日】
	21	送付	【送付を受けた日】
	22		【受理者】
	23	許可	【許可日】
	24		【許可書謄本の送付を受けた日】
	25		【許可を受けた者】
	26	入籍	【入籍日】
	27	入籍戸籍	【従前戸籍】
	28	除籍	【除籍日】
	29	除戸籍	【新本籍】
	30		【入籍戸籍】
	31	記録	【記録日】
	32	特記	【特記事項】

(2) 出生届／母の記録

タイトル	No.	項目	インデックス
子の出生	1	入籍	【入籍日】
	2		【入籍事由】

参考　コンピュータ戸籍のタイトル及びインデックス一覧

No.	項目	インデックス
3	届出	【届出日】
4		【航海日誌の謄本提出日】
5		【除籍日】
6		【除籍事由】
7	送付	【送付を受けた日】
8		【受理者】
9	許可	【許可日】
10		【許可書謄本の送付を受けた日】
11		【許可を受けた者】
12	入籍戸籍	【従前戸籍】
13	除籍	【除籍日】
14	除戸籍	【新本籍】
15	特記	【特記事項】

(3) 認知届／被認知者の記録

タイトル	No.	項目	インデックス
認　　知	1	認知	【認知日】
	2		【胎児認知日】
	3		【認知の裁判確定日】
	4		【親子関係存在確認の裁判確定日】
	5		【認知届出委託確認の裁判確定日】
	6		【認知者氏名】
	7		【認知者死亡日】
	8		【認知者の戸籍】
	9		【認知者の国籍】
	10		【認知者の生年月日】
	11		【認知の方式】
	12		【裁判所】
	13	届出	【届出日】
	14		【届出人】
	15		【届出人】
	16		【証書提出日】
	17		【証書提出者】
	18		【届書提出日】
	19		【届書提出者】
	20		【届書提出者】

2　身分事項

No.	項目	インデックス
21	送付	【送付を受けた日】
22		【受理者】
23	許可	【許可日】
24		【許可書謄本の送付を受けた日】
25		【許可を受けた者】
26	入籍	【入籍日】
27	入籍戸籍	【従前戸籍】
28	直系卑属	【直系卑属氏名】
29		【直系卑属氏名】
30		【直系卑属氏名】
31		【直系卑属氏名】
32		【直系卑属氏名】
33		【直系卑属氏名】
34		【直系卑属氏名】
35		【直系卑属氏名】
36		【直系卑属氏名】
37		【直系卑属氏名】
38	関連	【関連訂正事項】
39	従前の記録	【従前の記録】
40	記録	【記録日】
41	特記	【特記事項】

⑷　認知届／認知者の記録

タイトル	No.	項目	インデックス
認　　知	1	認知	【認知日】
	2		【届出日】
	3		【届出の性質】
	4		【胎児認知日】
	5		【認知の裁判確定日】
	6		【認知届出委託確認の裁判確定日】
	7		【認知した子の氏名】
	8		【認知した子の死亡日】
	9		【認知した子の戸籍】
	10		【認知した子の国籍】
	11		【認知した子の生年月日】
	12		【認知した子の母の氏名】

169

参考　コンピュータ戸籍のタイトル及びインデックス一覧

	No.	項目	インデックス
	13		【認知の方式】
	14		【裁判所】
	15	届出	【届出日】
	16		【届出人】
	17		【届出人】
	18		【証書提出日】
	19		【証書提出者】
	20		【届書提出日】
	21		【届書提出者】
	22		【届書提出者】
	23	送付	【送付を受けた日】
	24		【受理者】
	25	許可	【許可日】
	26		【許可書謄本の送付を受けた日】
	27		【許可を受けた者】
	28	記録	【記録日】
	29	特記	【特記事項】

⑸　認知届／被認知者の直系卑属の記録

タイトル	No.	項目	インデックス
親に対する認知	1	認知	【認知日】
	2		【認知の裁判確定日】
	3		【認知届出委託確認の裁判確定日】
	4		【認知された親の氏名】
	5		【認知された親の死亡日】
	6		【認知された親の戸籍】
	7		【認知者氏名】
	8		【認知者死亡日】
	9		【認知者の戸籍】
	10		【認知者の国籍】
	11		【認知者の生年月日】
	12		【認知の方式】
	13		【裁判所】
	14	届出	【届出日】
	15		【届出人】
	16		【証書提出日】

170

2　身分事項

	17		【証書提出者】
	18		【届書提出日】
	19		【届書提出者】
	20		【届書提出者】
	21	送付	【送付を受けた日】
	22		【受理者】
	23	許可	【許可日】
	24		【許可書謄本の送付を受けた日】
	25		【許可を受けた者】
	26	記録	【記録日】
	27	特記	【特記事項】

※昭和45年3月31日法務省令85号による改正前の記載例（標準仕様書に即した内容）

(6)　養子縁組届／養子の記録

タイトル	No.	項目	インデックス
養子縁組 （婿養子縁組）	1	養子縁組	【縁組日】
	2		【縁組の裁判確定日】
	3		【縁組届出委託確認の裁判確定日】
	4		【共同縁組者】
	5		【養父氏名】
	6		【養父の国籍】
	7		【養父の生年月日】
	8		【養父の死亡日】
	9		【養母氏名】
	10		【養母の国籍】
	11		【養母の生年月日】
	12		【養母の死亡日】
	13		【養親の戸籍】
	14		【縁組の方式】
	15		【裁判所】
	16	代諾(1)	【代諾者】
	17		【代諾者の国籍】
	18		【代諾者の生年月日】
	19	代諾(2)	【代諾者】
	20		【代諾者の国籍】

171

参考　コンピュータ戸籍のタイトル及びインデックス一覧

	No.	項目	インデックス
	21		【代諾者の生年月日】
	22		【届出日】
	23		【届出人】
	24		【届出人】
	25	届出	【証書提出日】
	26		【証書提出者】
	27		【証書提出者】
	28		【届書提出日】
	29		【届書提出者】
	30		【届書提出者】
	31	送付	【送付を受けた日】
	32		【受理者】
	33	許可	【許可日】
	34		【許可書謄本の送付を受けた日】
	35		【許可を受けた者】
	36	入籍	【入籍日】
	37	入籍戸籍	【従前戸籍】
	38	除籍	【除籍日】
	39	除戸籍	【新本籍】
	40		【入籍戸籍】
	41		【縁組追完日】
	42	縁組追完	【追完届出人】
	43		【追完届の送付を受けた日】
	44		【追完届の受理者】
	45	記録	【記録日】
	46	特記	【特記事項】

※タイトルとして「婿養子縁組」もある。

(7)　養子縁組届／養親の記録

タイトル	No.	項目	インデックス
養子縁組	1		【縁組日】
	2		【縁組の裁判確定日】
	3	養子縁組	【縁組届出委託確認の裁判確定日】
	4		【共同縁組者】
	5		【養子氏名】
	6		【養子の国籍】

2　身分事項

7		【養子の生年月日】
8		【養子の死亡日】
9		【養子氏名】
10		【養子の国籍】
11		【養子の生年月日】
12		【養子の死亡日】
13		【養子の戸籍】
14		【養子の従前戸籍】
15		【養子の新本籍】
16		【縁組の方式】
17		【裁判所】
18	代諾者(1)	【代諾者】
19		【代諾者の国籍】
20		【代諾者の生年月日】
21	代諾者(2)	【代諾者】
22		【代諾者の国籍】
23		【代諾者の生年月日】
24	届出	【届出日】
25		【届出人】
26		【届出人】
27		【証書提出日】
28		【証書提出者】
29		【証書提出者】
30		【届書提出日】
31		【届書提出者】
32		【届書提出者】
33	送付	【送付を受けた日】
34		【受理者】
35	許可	【許可日】
36		【許可書謄本の送付を受けた日】
37		【許可を受けた者】
38	入籍	【入籍日】
39	入籍戸籍	【従前戸籍】
40	除籍	【除籍日】
41	除戸籍	【新本籍】
42	記録	【記録日】

173

参考　コンピュータ戸籍のタイトル及びインデックス一覧

	43	特記	【特記事項】

(8)　養子縁組届／養子の配偶者の記録

タイトル	No.	項目	インデックス
配偶者の縁組	1	入籍	【入籍日】
	2		【入籍事由】
	3	除籍	【除籍日】
	4		【除籍事由】
	5	許可	【許可日】
	6		【許可書謄本の送付を受けた日】
	7		【許可を受けた者】
	8	入籍戸籍	【従前戸籍】
	9	除戸籍	【新本籍】
	10	特記	【特記事項】

(9)　養子離縁届／養子の記録

タイトル	No.	項目	インデックス
養子離縁	1	養子離縁	【離縁日】
	2		【離縁の裁判確定日】
	3		【離縁の調停成立日】
	4		【離縁の和解成立日】
	5		【離縁の請求認諾日】
	6		【離縁除籍日】
	7		【共同離縁者】
	8		【養父氏名】
	9		【養父の国籍】
	10		【養母氏名】
	11		【養母の国籍】
	12		【離縁の方式】
	13		【裁判所】
	14	協議者(1)	【協議者】
	15		【協議者の国籍】
	16		【協議者の生年月日】
	17	協議者(2)	【協議者】
	18		【協議者の国籍】
	19		【協議者の生年月日】

174

2　身分事項

	20		【届出日】
	21		【届出人】
	22		【届出人】
	23	届出	【証書提出日】
	24		【証書提出者】
	25		【証書提出者】
	26		【記録請求日】
	27	送付	【送付を受けた日】
	28		【受理者】
	29		【許可日】
	30	許可	【許可書謄本の送付を受けた日】
	31		【許可を受けた者】
	32	入籍	【入籍日】
	33	入籍戸籍	【従前戸籍】
	34	除籍	【除籍日】
	35		【新本籍】
	36	除戸籍	【称する氏】
	37		【復する氏】
	38		【入籍戸籍】
	39	記録	【記録日】
	40	特記	【特記事項】

⑽　養子離縁届／養親の記録

タイトル	No.	項目	インデックス
養子離縁	1		【離縁日】
	2		【離縁の裁判確定日】
	3		【離縁の調停成立日】
	4		【離縁の和解成立日】
	5		【離縁の請求認諾日】
	6	離縁	【共同離縁者】
	7		【養子氏名】
	8		【養子の国籍】
	9		【養子氏名】
	10		【養子の国籍】
	11		【離縁の方式】
	12		【裁判所】

175

参考　コンピュータ戸籍のタイトル及びインデックス一覧

	13		【協議者】
	14	協議者(1)	【協議者の国籍】
	15		【協議者の生年月日】
	16		【協議者】
	17	協議者(2)	【協議者の国籍】
	18		【協議者の生年月日】
	19		【届出日】
	20		【届出人】
	21		【届出人】
	22	届出	【証書提出日】
	23		【証書提出者】
	24		【証書提出者】
	25		【記録請求日】
	26	送付	【送付を受けた日】
	27		【受理者】
	28		【許可日】
	29	許可	【許可書謄本の送付を受けた日】
	30		【許可を受けた者】
	31	記録	【記録日】
	32	特記	【特記事項】

⑪　養子離縁届／養子の配偶者の記録

タイトル	No.	項目	インデックス
配偶者の離縁	1	入籍	【入籍日】
	2		【入籍事由】
	3	除籍	【除籍日】
	4		【除籍事由】
	5	許可	【許可日】
	6		【許可書謄本の送付を受けた日】
	7		【許可を受けた者】
	8	入籍戸籍	【従前戸籍】
	9	除戸籍	【新本籍】
	10	特記	【特記事項】

⑫　特別養子縁組届／養子の従前戸籍の記録

タイトル	No.	項目	インデックス
特別養子縁組	1	特別養子縁組	【特別養子縁組の裁判確定日】

	2		【養父氏名】
	3		【養父の国籍】
	4		【養父の生年月日】
	5		【養母氏名】
	6		【養母の国籍】
	7		【養母の生年月日】
	8		【縁組の方式】
	9		【裁判所】
	10	届出	【届出日】
	11		【届出人】
	12		【証書提出日】
	13		【証書提出者】
	14		【証書提出者】
	15	送付	【送付を受けた日】
	16		【受理者】
	17	許可	【許可日】
	18		【許可書謄本の送付を受けた日】
	19		【許可を受けた者】
	20	除籍	【除籍日】
	21	除戸籍	【新本籍】
	22		【縁組後の氏】
	23	特記	【特記事項】

⒀　特別養子縁組届／養子の新戸籍の記録

タイトル	No.	項目	インデックス
特別養子縁組	1	特別養子縁組	【特別養子縁組の裁判確定日】
	2		【養父氏名】
	3		【養父の国籍】
	4		【養父の生年月日】
	5		【養母氏名】
	6		【養母の国籍】
	7		【養母の生年月日】
	8		【縁組の方式】
	9		【裁判所】
	10	届出	【届出日】
	11		【届出人】

参考　コンピュータ戸籍のタイトル及びインデックス一覧

	No.	項目	インデックス
	12		【証書提出日】
	13		【証書提出者】
	14		【証書提出者】
	15	送付	【送付を受けた日】
	16		【受理者】
	17		【許可日】
	18	許可	【許可書謄本の送付を受けた日】
	19		【許可を受けた者】
	20	入籍	【入籍日】
	21	入籍戸籍	【従前戸籍】
	22	除籍	【除籍日】
	23	除戸籍	【入籍戸籍】
	24	特記	【特記事項】

⒁　特別養子縁組届／養子の入籍戸籍の記録

タイトル	No.	項目	インデックス
民法８１７条の２	1	特別養子縁組の裁判	【特別養子縁組の裁判確定日】
	2		【縁組の方式】
	3		【裁判所】
	4	届出	【届出日】
	5		【届出人】
	6		【証書提出日】
	7		【証書提出者】
	8		【証書提出者】
	9	送付	【送付を受けた日】
	10		【受理者】
	11	許可	【許可日】
	12		【許可書謄本の送付を受けた日】
	13		【許可を受けた者】
	14	入籍	【入籍日】
	15	入籍戸籍	【従前戸籍】
	16	特記	【特記事項】

⒂　特別養子縁組届／養親の記録

タイトル	No.	項目	インデックス
民法８１７条の２	1		【特別縁組の裁判確定日】

178

	No.	項目	インデックス
	2	特別養子縁組の裁判	【共同縁組者】
	3		【養子氏名】
	4		【養子の国籍】
	5		【養子の生年月日】
	6		【縁組の方式】
	7		【裁判所】
	8	届出	【届出日】
	9		【証書提出日】
	10		【証書提出者】
	11		【証書提出者】
	12	送付	【送付を受けた日】
	13		【受理者】
	14	許可	【許可日】
	15		【許可書謄本の送付を受けた日】
	16		【許可を受けた者】
	17	記録	【記録日】
	18	特記	【特記事項】

※養子が外国人の場合の記録

(16) 特別養子縁組届／養親の新戸籍の記録

タイトル	No.	項目	インデックス
民法８１７条の２	1	入籍	【入籍日】
	2		【入籍事由】
	3	届出	【届出日】
	4		【除籍日】
	5		【除籍事由】
	6	送付	【送付を受けた日】
	7		【受理者】
	8	許可	【許可日】
	9		【許可書謄本の送付を受けた日】
	10		【許可を受けた者】
	11	入籍戸籍	【従前戸籍】
	12	除籍	【除籍日】
	13	除戸籍	【新本籍】
	14	特記	【特記事項】

※昭和60年１月１日の改正法施行前に外国人と婚姻し，父母の戸籍に未だに在籍している者が養親となる際の新戸籍の記録

参考　コンピュータ戸籍のタイトル及びインデックス一覧

⒄　特別養子離縁届／養子の記録

タイトル	No.	項目	インデックス
特別養子離縁	1	特別養子離縁	【特別養子離縁の裁判確定日】
	2	届出	【届出日】
	3		【届出人】
	4		【届出人】
	5		【記録請求日】
	6	送付	【送付を受けた日】
	7		【受理者】
	8	許可	【許可日】
	9		【許可書謄本の送付を受けた日】
	10		【許可を受けた者】
	11	入籍	【入籍日】
	12	入籍戸籍	【従前戸籍】
	13	除籍	【除籍日】
	14	除戸籍	【新本籍】
	15		【離縁後の氏】
	16		【入籍戸籍】
	17	記録	【記録日】
	18	特記	【特記事項】

⒅　特別養子離縁届／養親の記録

タイトル	No.	項目	インデックス
特別養子離縁	1	特別養子離縁	【特別養子離縁の裁判確定日】
	2		【特別養子の氏名】
	3		【特別養子の国籍】
	4	届出	【届出日】
	5		【届出人】
	6		【届出人】
	7		【記録請求日】
	8	送付	【送付を受けた日】
	9		【受理者】
	10	許可	【許可日】
	11		【許可書謄本の送付を受けた日】
	12		【許可を受けた者】
	13	記録	【記録日】

180

2 　身分事項

	14	特記	【特記事項】

※養子が外国人の場合の記録

⑲　婚姻届／夫又は妻の記録

タイトル	No.	項目	インデックス
婚　　姻 （婚養子縁組婚姻） （入夫婚姻）	1	婚姻	【婚姻日】
	2		【婚姻届出委託確認の裁判確定日】
	3		【配偶者氏名】
	4		【配偶者の死亡日】
	5		【配偶者の戸籍】
	6		【配偶者の国籍】
	7		【配偶者の生年月日】
	8		【婚姻の方式】
	9		【裁判所】
	10	届出	【証書提出日】
	11		【届書提出日】
	12		【届書提出者】
	13		【届書提出者】
	14	送付	【送付を受けた日】
	15		【受理者】
	16	許可	【許可日】
	17		【許可書謄本の送付を受けた日】
	18		【許可を受けた者】
	19	入籍	【入籍日】
	20	入籍戸籍	【従前戸籍】
	21	除籍	【除籍日】
	22	除戸籍	【新本籍】
	23		【称する氏】
	24		【入籍戸籍】
	25	記録	【記録日】
	26	特記	【特記事項】

※タイトルとして「婚養子縁組婚姻」「入夫婚姻」もある。

⑳　離婚届／夫又は妻の記録

タイトル	No.	項目	インデックス
離　　婚	1	離婚	【離婚日】

181

参考　コンピュータ戸籍のタイトル及びインデックス一覧

	No.	項目	インデックス
	2		【離婚の調停成立日】
	3		【離婚の裁判確定日】
	4		【離婚の和解成立日】
	5		【離婚の請求認諾日】
	6		【離婚除籍日】
	7		【配偶者氏名】
	8		【配偶者の国籍】
	9		【離婚の方式】
	10		【裁判所】
	11	届出	【届出日】
	12		【届出人】
	13		【証書提出日】
	14		【証書提出者】
	15	送付	【送付を受けた日】
	16		【受理者】
	17	許可	【許可日】
	18		【許可書謄本の送付を受けた日】
	19		【許可を受けた者】
	20	入籍	【入籍日】
	21	入籍戸籍	【従前戸籍】
	22	除籍	【除籍日】
	23	除戸籍	【新本籍】
	24		【称する氏】
	25		【離婚後の氏】
	26		【入籍戸籍】
	27	記録	【記録日】
	28	特記	【特記事項】

⑵1　親権（管理権）届／親権に服する者の記録

タイトル	No.	項目	インデックス
親　　権	1	親権	【親権者を定めた日】
	2		【親権者を定められた日】
	3		【親権者となった日】
	4		【親権者を定める裁判確定日】
	5		【親権者を定める調停成立日】
	6		【親権者変更の裁判確定日】

2 身分事項

7		【親権者変更の調停成立日】
8		【共同親権に服した日】
9		【親権に服した日】
10		【親権に服さなくなった日】
11		【親権喪失宣告の裁判確定日】
12		【管理権喪失宣告の裁判確定日】
13		【親権喪失宣告取消しの裁判確定日】
14		【管理権喪失宣告取消しの裁判確定日】
15		【親権者辞任日】
16		【管理権者辞任日】
17		【親権回復日】
18		【管理権回復日】
19		【親権者職務執行停止及び代行者選任の裁判発効日】
20		【管理権執行停止及び代行者選任の裁判発効日】
21		【親権者職務執行停止の裁判失効日】
22		【管理権執行停止の裁判失効日】
23		【親権代行者改任の裁判発効日】
24		【管理権代行者改任の裁判発効日】
25		【親権喪失の審判確定日】
26		【管理権喪失の審判確定日】
27		【親権喪失の審判取消しの裁判確定日】
28		【管理権喪失の審判取消しの裁判確定日】
29		【親権停止の審判確定日】
30		【親権停止の審判取消しの裁判確定日】
31		【親権者】
32	親権喪失	【親権喪失者】
33	管理権喪失	【管理権喪失者】
34	親権喪失取消し	【親権喪失取消者】
35	管理権喪失取消し	【管理権喪失取消者】
36	親権辞任	【親権辞任者】
37	管理権辞任	【管理権辞任者】
38	親権回復	【親権回復者】

183

参考　コンピュータ戸籍のタイトル及びインデックス一覧

	39	管理権回復	【管理権回復者】
	40	職務執行停止	【職務執行停止を受けた者】
	41	管理権執行停止	【管理権執行停止を受けた者】
	42	親権代行	【親権代行者】
	43		【親権代行者の戸籍】
	44		【親権代行者の国籍】
	45		【親権代行者の生年月日】
	46	管理権代行	【管理権代行者】
	47		【管理権代行者の戸籍】
	48		【管理権代行者の国籍】
	49		【管理権代行者の生年月日】
	50	親権停止	【親権停止者】
	51		【親権停止期間】
	52	親権停止取消	【親権停止取消者】
	53	届出	【届出日】
	54		【届出人】
	55		【届出人】
	56		【記録嘱託日】
	57	送付	【送付を受けた日】
	58		【受理者】
	59	許可	【許可日】
	60		【許可書謄本の送付を受けた日】
	61		【許可を受けた者】
	62	従前の記録	【従前の記録】
	63	記録	【記録日】
	64	特記	【特記事項】

⑵　未成年の後見届／未成年被後見人の記録

タイトル	No.	項目	インデックス
未成年者の後見	1	未成年後見	【未成年後見人就職日】
	2		【未成年後見監督人就職日】
	3		【未成年後見人選任の裁判確定日】
	4		【未成年後見監督人選任の裁判確定日】
	5		【未成年者の後見開始事由】
	6		【未成年後見人更迭事由の発生日】
	7		【未成年後見監督人更迭事由の発生日】

2　身分事項

8	【更迭事由】
9	【前任の未成年後見人】
10	【前任の未成年後見監督人】
11	【後任の未成年後見人就職日】
12	【後任の未成年後見監督人就職日】
13	【未成年後見人地位喪失事由の発生日】
14	【未成年後見監督人地位喪失事由の発生日】
15	【地位喪失事由】
16	【未成年者の後見終了日】
17	【未成年者の後見監督終了日】
18	【未成年後見人辞任許可の裁判確定日】
19	【未成年後見監督人辞任許可の裁判確定日】
20	【未成年後見人解任の裁判確定日】
21	【未成年後見監督人解任の裁判確定日】
22	【未成年後見人職務執行停止及び代行者選任の裁判発効日】
23	【未成年後見監督人職務執行停止及び代行者選任の裁判発効日】
24	【財産管理者による未成年者の後見命令発効日】
25	【財産管理者改任の裁判発効日】
26	【財産管理者による未成年者の後見命令失効日】
27	【未成年後見人職務執行停止の裁判失効日】
28	【未成年後見監督人職務執行停止の裁判失効日】
29	【未成年後見代行者改任の裁判発効日】
30	【未成年後見監督代行者改任の裁判発効日】
31	【未成年後見人の権限を財産に関する権限に限定する定めの裁判確定日】
32	【未成年後見監督人の権限を財産に関する権限に限定する定めの裁判確定日】
33	【未成年後見人の財産に関する権限単独行使の定めの裁判確定日】

185

参考　コンピュータ戸籍のタイトル及びインデックス一覧

34		【未成年後見監督人の財産に関する権限単独行使の定めの裁判確定日】
35		【未成年後見人の財産に関する権限分掌行使の定めの裁判確定日】
36		【未成年後見監督人の財産に関する権限分掌行使の定めの裁判確定日】
37		【未成年後見人の権限を財産に関する権限に限定する定めの取消しの裁判確定日】
38		【未成年後見監督人の権限を財産に関する権限に限定する定めの取消しの裁判確定日】
39		【未成年後見人の財産に関する権限単独行使の定めの取消しの裁判確定日】
40		【未成年後見監督人の財産に関する権限単独行使の定めの取消しの裁判確定日】
41		【未成年後見人の財産に関する権限分掌行使の定めの取消しの裁判確定日】
42		【未成年後見監督人の財産に関する権限分掌行使の定めの取消しの裁判確定日】
43		【未成年後見人】
44		【未成年後見人の戸籍】
45		【未成年後見人の国籍】
46		【未成年後見人の生年月日】
47		【未成年後見人の住所】
48		【辞任した未成年後見人】
49		【解任された未成年後見人】
50	職務執行停止	【職務執行停止を受けた者】
51		【未成年後見監督人】
52		【未成年後見監督人の戸籍】
53		【未成年後見監督人の国籍】
54	未成年者の後見監督	【未成年後見監督人の生年月日】
55		【未成年後見監督人の住所】
56		【辞任した未成年後見監督人】
57		【解任された未成年後見監督人】
58	未成年者の後見代行	【未成年後見代行者】
59		【未成年後見代行者の戸籍】

2　身分事項

	No.	項目	インデックス
	60		【未成年後見代行者の国籍】
	61		【未成年後見代行者の生年月日】
	62		【未成年後見監督代行者】
	63	未成年者の後	【未成年後見監督代行者の戸籍】
	64	見監督代行	【未成年後見監督代行者の国籍】
	65		【未成年後見監督代行者の生年月日】
	66		~~【財産管理者】~~
	67		~~【財産管理者の戸籍】~~
	68	財産管理	~~【財産管理者の国籍】~~
	69		~~【財産管理者の生年月日】~~
	70		【届出日】
	71	届出	【届出人】
	72		【記録嘱託日】
	73	送付	【送付を受けた日】
	74		【受理者】
	75		【許可日】
	76	許可	【許可書謄本の送付を受けた日】
	77		【許可を受けた者】
	78	従前の記録	【従前の記録】
	79	記録	【記録日】
	80	特記	【特記事項】

⒇　死亡届／死亡者の記録

タイトル	No.	項目	インデックス
死　　亡	1		【死亡日】
	2		【死亡時分】
	3	死亡	【死亡日時】
	4		【死亡地】
	5		【死亡区分】
	6		【届出日】
	7		【届出人】
	8	届出	【航海日誌謄本提出日】
	9		【報告日】
	10		【報告者】
	11	送付	【送付を受けた日】
	12		【受理者】

187

参考　コンピュータ戸籍のタイトル及びインデックス一覧

	13		【許可日】
	14	許可	【許可書謄本の送付を受けた日】
	15		【許可を受けた者】
	16	除籍	【除籍日】
	17	特記	【特記事項】

⑵4　死亡届／死亡者の生存配偶者の記録

タイトル	No.	項目	インデックス
配偶者の死亡	1	配偶者の死亡	【配偶者の死亡日】
	2	婚姻	【配偶者氏名】
	3		【許可日】
	4	許可	【許可書謄本の送付を受けた日】
	5		【許可を受けた者】
	6	記録	【記録日】
	7	特記	【特記事項】

⑵5　死亡／高齢者の消除の記録

タイトル	No.	項目	インデックス
高齢者消除	1	高齢者消除	【高齢者消除の許可日】
	2	除籍	【除籍日】
	3	特記	【特記事項】

⑵6　失踪届／失踪者の記録

タイトル	No.	項目	インデックス
失踪宣告	1	失踪宣告	【死亡とみなされる日】
	2		【失踪宣告の裁判確定日】
	3	届出	【届出日】
	4		【届出人】
	5	送付	【送付を受けた日】
	6		【受理者】
	7		【許可日】
	8	許可	【許可書謄本の送付を受けた日】
	9		【許可を受けた者】
	10	除籍	【除籍日】
	11	特記	【特記事項】

2 身分事項

⑵ 失踪届／失踪者の生存配偶者の記録

タイトル	No.	項目	インデックス
配偶者の失踪宣告	1	配偶者の失踪宣告	【配偶者の死亡とみなされる日】
	2	婚姻	【配偶者氏名】
	3	許可	【許可日】
	4		【許可書謄本の送付を受けた日】
	5		【許可を受けた者】
	6	記録	【記録日】
	7	特記	【特記事項】

⑵ 復氏届／復氏者の記録

タイトル	No.	項目	インデックス
復　　氏	1	復氏	【婚姻前の氏に復した日】
	2	送付	【送付を受けた日】
	3		【受理者】
	4	許可	【許可日】
	5		【許可書謄本の送付を受けた日】
	6		【許可を受けた者】
	7	入籍	【入籍日】
	8	入籍戸籍	【従前戸籍】
	9	除籍	【除籍日】
	10	除戸籍	【新本籍】
	11		【復する氏】
	12		【入籍戸籍】
	13	記録	【記録日】
	14	特記	【特記事項】

⑵ 復氏届／復氏者の配偶者の記録

タイトル	No.	項目	インデックス
配偶者の復氏	1	入籍	【入籍日】
	2		【入籍事由】
	3	除籍	【除籍日】
	4		【除籍事由】
	5	許可	【許可日】
	6		【許可書謄本の送付を受けた日】

参考　コンピュータ戸籍のタイトル及びインデックス一覧

	7		【許可を受けた者】
	8	入籍戸籍	【従前戸籍】
	9	除戸籍	【新本籍】
	10	特記	【特記事項】

⑶0)　姻族関係終了届／姻族関係の終了した生存配偶者の記録

タイトル	No.	項目	インデックス
姻族関係終了	1		【死亡配偶者の親族との姻族関係終了日】
	2	姻族関係終了	【死亡配偶者氏名】
	3		【死亡配偶者の戸籍】
	4		【死亡配偶者の国籍】
	5	送付	【送付を受けた日】
	6		【受理者】
	7	許可	【許可日】
	8		【許可書謄本の送付を受けた日】
	9		【許可を受けた者】
	10	記録	【記録日】
	11	特記	【特記事項】

⑶1)　推定相続人廃除届／推定相続人廃除をされた者の記録

タイトル	No.	項目	インデックス
推定相続人廃除	1	推定相続人廃除	【推定相続人廃除の裁判確定日】
	2		【推定相続人廃除の調停成立日】
	3		【被相続人】
	4	届出	【届出日】
	5		【届出人】
	6	送付	【送付を受けた日】
	7		【受理者】
	8	許可	【許可日】
	9		【許可書謄本の送付を受けた日】
	10		【許可を受けた者】
	11	記録	【記録日】
	12	特記	【特記事項】

2　身分事項

⑶2　**入籍届／入籍する者の記録**

タイトル	No.	項目	インデックス
入　　籍	1	入籍	【届出日】
	2		【入籍事由】
	3		【除籍事由】
	4	届出	【届出人】
	5		【届出人】
	6		【共同届出人】
	7	送付	【送付を受けた日】
	8		【受理者】
	9	許可	【許可日】
	10		【許可書謄本の送付を受けた日】
	11		【許可を受けた者】
	12	入籍	【入籍日】
	13	入籍戸籍	【従前戸籍】
	14	除籍	【除籍日】
	15	除戸籍	【新本籍】
	16		【称する氏】
	17		【復する氏】
	18		【入籍戸籍】
	19	特記	【特記事項】

⑶3　**入籍届／子の入籍による父又は母の記録**

タイトル	No.	項目	インデックス
子の入籍	1	入籍	【入籍日】
	2		【入籍事由】
	3	届出	【届出日】
	4		【除籍日】
	5		【除籍事由】
	6	送付	【送付を受けた日】
	7		【受理者】
	8	許可	【許可日】
	9		【許可書謄本の送付を受けた日】
	10		【許可を受けた者】
	11	入籍戸籍	【従前戸籍】
	12	除籍	【除籍日】

	13	除戸籍	【新本籍】
	14	特記	【特記事項】

(34) 入籍届／入籍する者の配偶者の記録

タイトル	No.	項目	インデックス
配偶者の入籍	1	入籍	【届出による入籍日】
	2		【入籍事由】
	3	除籍	【届出による除籍日】
	4		【除籍事由】
	5	許可	【許可日】
	6		【許可書謄本の送付を受けた日】
	7		【許可を受けた者】
	8	入籍戸籍	【従前戸籍】
	9	除戸籍	【新本籍】
	10		【称する氏】
	11		【復する氏】
	12	特記	【特記事項】

(35) 分籍届／分籍者の記録

タイトル	No.	項目	インデックス
分　　籍	1	分籍	【分籍日】
	2	送付	【送付を受けた日】
	3		【受理者】
	4	許可	【許可日】
	5		【許可書謄本の送付を受けた日】
	6		【許可を受けた者】
	7	入籍	【入籍日】
	8	入籍戸籍	【従前戸籍】
	9	除籍	【除籍日】
	10	除戸籍	【新本籍】
	11	特記	【特記事項】

(36) 国籍取得届／国籍取得者の記録

タイトル	No.	項目	インデックス
国籍取得	1	国籍取得	【国籍取得日】
	2	届出	【届出日】

2　身分事項

	No.	項目	インデックス
	3		【届出人】
	4		【届出人】
	5	従前の記録	【取得の際の国籍】
	6		【従前の氏名】
	7	送付	【送付を受けた日】
	8		【受理者】
	9		【許可日】
	10	許可	【許可書謄本の送付を受けた日】
	11		【許可を受けた者】
	12	入籍	【入籍日】
	13	入籍戸籍	【従前戸籍】
	14	除籍	【除籍日】
	15		【除籍事由】
	16		【新本籍】
	17	除戸籍	【称する氏】
	18		【入籍戸籍】
	19	記録	【記録日】
	20	特記	【特記事項】

(37)　**国籍取得届／国籍取得者の父母の記録**

タイトル	No.	項目	インデックス
子の国籍取得	1		【子の国籍取得日】
	2	子の国籍取得	【子の氏名】
	3		【子の新本籍】
	4	入籍	【入籍日】
	5		【入籍事由】
	6		【届出日】
	7	届出	【除籍日】
	8		【除籍事由】
	9	送付	【送付を受けた日】
	10		【受理者】
	11		【許可日】
	12	許可	【許可書謄本の送付を受けた日】
	13		【許可を受けた者】
	14	入籍戸籍	【従前戸籍】
	15	除籍	【除籍日】

参考　コンピュータ戸籍のタイトル及びインデックス一覧

	16	除戸籍	【新本籍】
	17	記録	【記録日】
	18	特記	【特記事項】

⑶⑻　国籍取得届／国籍取得者の養父母の記録

タイトル	No.	項目	インデックス
養子の国籍取得	1	養子の国籍取得	【養子の国籍取得日】
	2		【養子氏名】
	3		【養子の新本籍】
	4	入籍	【入籍日】
	5		【入籍事由】
	6	届出	【届出日】
	7		【除籍日】
	8		【除籍事由】
	9	送付	【送付を受けた日】
	10		【受理者】
	11	許可	【許可日】
	12		【許可書謄本の送付を受けた日】
	13		【許可を受けた者】
	14	入籍戸籍	【従前戸籍】
	15	除籍	【除籍日】
	16	除戸籍	【新本籍】
	17	記録	【記録日】
	18	特記	【特記事項】

⑶⑼　国籍取得届／国籍取得者の配偶者の記録

タイトル	No.	項目	インデックス
配偶者の国籍取得	1	配偶者の国籍取得	【配偶者の国籍取得日】
	2	入籍	【入籍日】
	3		【入籍事由】
	4	届出	【届出日】
	5		【除籍日】
	6		【除籍事由】
	7	婚姻	【配偶者氏名】
	8	送付	【送付を受けた日】

	9		【受理者】
	10	許可	【許可日】
	11		【許可書謄本の送付を受けた日】
	12		【許可を受けた者】
	13	入籍戸籍	【従前戸籍】
	14	除籍	【除籍日】
	15	除戸籍	【新本籍】
	16		【称する氏】
	17	記録	【記録日】
	18	特記	【特記事項】

(40) 国籍取得届／国籍取得者の子の記録

タイトル	No.	項目	インデックス
親の国籍取得	1	親の国籍取得	【父の国籍取得日】
	2		【母の国籍取得日】
	3		【父の新本籍】
	4		【母の新本籍】
	5	送付	【送付を受けた日】
	6		【受理者】
	7	許可	【許可日】
	8		【許可書謄本の送付を受けた日】
	9		【許可を受けた者】
	10	記録	【記録日】
	11	特記	【特記事項】

(41) 国籍取得届／国籍取得者の養子の記録

タイトル	No.	項目	インデックス
養親の国籍取得	1	養親の国籍取得	【養父の国籍取得日】
	2		【養母の国籍取得日】
	3		【養父の新本籍】
	4		【養母の新本籍】
	5	送付	【送付を受けた日】
	6		【受理者】
	7	許可	【許可日】
	8		【許可書謄本の送付を受けた日】
	9		【許可を受けた者】

参考　コンピュータ戸籍のタイトル及びインデックス一覧

	10	記録	【記録日】
	11	特記	【特記事項】

⒁　帰化届／帰化者の記録

タイトル	No.	項目	インデックス
帰　　化	1	帰化	【帰化日】
	2	届出	【届出日】
	3		【届出人】
	4		【届出人】
	5	従前の記録	【帰化の際の国籍】
	6		【従前の氏名】
	7	送付	【送付を受けた日】
	8		【受理者】
	9	許可	【許可日】
	10		【許可書謄本の送付を受けた日】
	11		【許可を受けた者】
	12	記録	【記録日】
	13	特記	【特記事項】

⒂　帰化届／帰化者の父母の記録

タイトル	No.	項目	インデックス
子の帰化	1	子の帰化	【子の帰化日】
	2		【子の氏名】
	3		【子の新本籍】
	4	入籍	【入籍日】
	5		【入籍事由】
	6	届出	【届出日】
	7		【除籍日】
	8		【除籍事由】
	9	送付	【送付を受けた日】
	10		【受理者】
	11	許可	【許可日】
	12		【許可書謄本の送付を受けた日】
	13		【許可を受けた者】
	14	入籍戸籍	【従前戸籍】
	15	除籍	【除籍日】

2　身分事項

	16	除戸籍	【新本籍】
	17	記録	【記録日】
	18	特記	【特記事項】

⑷　帰化届／帰化者の養父母の記録

タイトル	No.	項目	インデックス
養子の帰化	1	養子の帰化	【養子の帰化日】
	2		【養子氏名】
	3		【養子の新本籍】
	4	入籍	【入籍日】
	5		【入籍事由】
	6	届出	【届出日】
	7		【除籍日】
	8		【除籍事由】
	9	送付	【送付を受けた日】
	10		【受理者】
	11	許可	【許可日】
	12		【許可書謄本の送付を受けた日】
	13		【許可を受けた者】
	14	入籍戸籍	【従前戸籍】
	15	除籍	【除籍日】
	16	除戸籍	【新本籍】
	17	記録	【記録日】
	18	特記	【特記事項】

⑷⑸　帰化届／帰化者の配偶者の記録

タイトル	No.	項目	インデックス
配偶者の帰化	1	配偶者の帰化	【配偶者の帰化日】
	2	入籍	【入籍日】
	3		【入籍事由】
	4	届出	【届出日】
	5		【除籍日】
	6		【除籍事由】
	7	婚姻	【配偶者氏名】
	8	送付	【送付を受けた日】
	9		【受理者】

197

参考　コンピュータ戸籍のタイトル及びインデックス一覧

	10		【許可日】
	11	許可	【許可書謄本の送付を受けた日】
	12		【許可を受けた者】
	13	入籍戸籍	【従前戸籍】
	14	除籍	【除籍日】
	15	除戸籍	【新本籍】
	16		【称する氏】
	17	記録	【記録日】
	18	特記	【特記事項】

(46)　帰化届／帰化者の子の記録

タイトル	No.	項目	インデックス
親の帰化	1	親の帰化	【父の帰化日】
	2		【母の帰化日】
	3		【父の新本籍】
	4		【母の新本籍】
	5	送付	【送付を受けた日】
	6		【受理者】
	7	許可	【許可日】
	8		【許可書謄本の送付を受けた日】
	9		【許可を受けた者】
	10	記録	【記録日】
	11	特記	【特記事項】

(47)　帰化届／帰化者の養子の記録

タイトル	No.	項目	インデックス
養親の帰化	1	養親の帰化	【養父の帰化日】
	2		【養母の帰化日】
	3		【養父の新本籍】
	4		【養母の新本籍】
	5	送付	【送付を受けた日】
	6		【受理者】
	7	許可	【許可日】
	8		【許可書謄本の送付を受けた日】
	9		【許可を受けた者】
	10	記録	【記録日】

2　身分事項

| | 11 | 特記 | 【特記事項】 |

⑷8　帰化届／後見人の帰化の記録

タイトル	No.	項目	インデックス
後見人の帰化	1	後見人の帰化	【後見人の帰化日】
	2		【後見人】
	3		【後見人の新本籍】
	4	送付	【送付を受けた日】
	5		【受理者】
	6	許可	【許可日】
	7		【許可書謄本の送付を受けた日】
	8		【許可を受けた者】
	9	記録	【記録日】
	10	特記	【特記事項】

⑷9　帰化届／保佐人の帰化の記録

タイトル	No.	項目	インデックス
保佐人の帰化	1	保佐人の帰化	【保佐人の帰化日】
	2		【保佐人】
	3		【保佐人の新本籍】
	4	送付	【送付を受けた日】
	5		【受理者】
	6	許可	【許可日】
	7		【許可書謄本の送付を受けた日】
	8		【許可を受けた者】
	9	記録	【記録日】
	10	特記	【特記事項】

⑸0　国籍喪失届／国籍喪失者の記録

タイトル	No.	項目	インデックス
国籍喪失	1	国籍喪失	【国籍喪失日】
	2		【喪失時の外国籍】
	3		【喪失事由】
	4	婚姻	【配偶者氏名】
	5	届出	【届出日】
	6		【届出人】

参考　コンピュータ戸籍のタイトル及びインデックス一覧

	7		【届出人】
	8		【報告日】
	9		【報告者】
	10	送付	【送付を受けた日】
	11		【受理者】
	12		【許可日】
	13	許可	【許可書謄本の送付を受けた日】
	14		【許可を受けた者】
	15	除籍	【除籍日】
	16	特記	【特記事項】

⑸　国籍喪失届／国籍喪失者の配偶者の記録

タイトル	No.	項目	インデックス
配偶者の国籍喪失	1	配偶者の国籍喪失	【配偶者の国籍】
	2		【許可日】
	3	許可	【許可書謄本の送付を受けた日】
	4		【許可を受けた者】
	5	記録	【記録日】
	6	特記	【特記事項】

⑿　国籍選択届／国籍選択者の記録

タイトル	No.	項目	インデックス
国籍選択	1	国籍選択	【国籍選択の宣言日】
	2		【届出日】
	3	届出	【届出人】
	4		【届出人】
	5	送付	【送付を受けた日】
	6		【受理者】
	7		【許可日】
	8	許可	【許可書謄本の送付を受けた日】
	9		【許可を受けた者】
	10	記録	【記録日】
	11	特記	【特記事項】

2　身分事項

⑸　外国国籍喪失届／外国国籍喪失者の記録

タイトル	No.	項目	インデックス
外国国籍喪失	1	外国国籍喪失	【外国国籍喪失日】
	2		【喪失した外国国籍】
	3	届出	【届出日】
	4		【届出人】
	5		【届出人】
	6	送付	【送付を受けた日】
	7		【受理者】
	8	許可	【許可日】
	9		【許可書謄本の送付を受けた日】
	10		【許可を受けた者】
	11	記録	【記録日】
	12	特記	【特記事項】

⑸　名の変更届／名の変更者の記録

タイトル	No.	項目	インデックス
名の変更	1	名の変更	【名の変更日】
	2	届出	【届出人】
	3		【届出人】
	4	送付	【送付を受けた日】
	5		【受理者】
	6	許可	【許可日】
	7		【許可書謄本の送付を受けた日】
	8		【許可を受けた者】
	9	従前の記録	【従前の記録】
	10	特記	【特記事項】

⑸　就籍届／就籍者の記録

タイトル	No.	項目	インデックス
就　　籍	1	就籍	【就籍許可の裁判発効日】
	2		【就籍許可の裁判確定日】
	3		【国籍存在確認の裁判確定日】
	4		【親子関係存在確認の裁判確定日】
	5	届出	【届出日】
	6		【就籍届出日】

201

参考　コンピュータ戸籍のタイトル及びインデックス一覧

	7		【届出人】
	8	送付	【送付を受けた日】
	9		【受理者】
	10		【許可日】
	11	許可	【許可書謄本の送付を受けた日】
	12		【許可を受けた者】
	13	記録	【記録日】
	14	特記	【特記事項】

(56)　戸籍法69条の2の届／縁氏を称する者の記録

(57)　戸籍法73条の2の届／縁氏を称する者の記録

(58)　戸籍法75条の2の届／婚氏を称する者の記録

(59)　戸籍法77条の2の届／婚氏を称する者の記録

(60)　戸籍法107条2項の届／氏の変更者の記録

(61)　戸籍法107条3項の届／氏の変更者の記録

タイトル	No.	項目	インデックス
氏の変更	1	氏変更	【氏変更日】
	2		【氏変更の事由】
	3	送付	【送付を受けた日】
	4		【受理者】
	5		【許可日】
	6	許可	【許可書謄本の送付を受けた日】
	7		【許可を受けた者】
	8	入籍	【入籍日】
	9	入籍戸籍	【従前戸籍】
	10	除籍	【除籍日】
	11	除戸籍	【新本籍】
	12		【称する氏・変更後の氏】
	13	記録	【記録日】
	14	特記	【特記事項】

(62)　戸籍法69条の2の届／縁氏を称する者の配偶者の記録

(63)　戸籍法73条の2の届／縁氏を称する者の配偶者の記録

(64)　戸籍法75条の2の届／婚氏を称する者の配偶者の記録

(65)　戸籍法77条の2の届／婚氏を称する者の配偶者の記録

⒃ 戸籍法107条３項の届／氏の変更者の配偶者の記録

タイトル	No.	項目	インデックス
配偶者の氏の変更	1	入籍	【入籍日】
	2		【入籍事由】
	3	除籍	【除籍日】
	4		【除籍事由】
	5	許可	【許可日】
	6		【許可書謄本の送付を受けた日】
	7		【許可を受けた者】
	8	入籍戸籍	【従前戸籍】
	9	除戸籍	【新本籍】
	10	特記	【特記事項】

⒄ 戸籍法107条４項の届／氏の変更者の記録

タイトル	No.	項目	インデックス
氏の変更	1	氏変更	【氏変更日】
	2		【氏変更の事由】
	3	届出	【届出人】
	4		【届出人】
	5	送付	【送付を受けた日】
	6		【受理者】
	7	許可	【許可日】
	8		【許可書謄本の送付を受けた日】
	9		【許可を受けた者】
	10	入籍	【入籍日】
	11	入籍戸籍	【従前戸籍】
	12	除籍	【除籍日】
	13	除戸籍	【新本籍】
	14		【変更後の氏】
	15	記録	【記録日】
	16	特記	【特記事項】

⒅ 養子縁組取消届／養子の記録

タイトル	No.	項目	インデックス
縁組取消し	1	養子縁組取消し	【縁組取消しの裁判確定日】
	2		【養父氏名】

	3		【養母氏名】
	4	届出	【届出日】
	5		【届出人】
	6		【届出人】
	7		【共同届出人】
	8	送付	【送付を受けた日】
	9		【受理者】
	10	許可	【許可日】
	11		【許可書謄本の送付を受けた日】
	12		【許可を受けた者】
	13	入籍	【入籍日】
	14	入籍戸籍	【従前戸籍】
	15	除籍	【除籍日】
	16	除戸籍	【新本籍】
	17		【入籍戸籍】
	18	記録	【記録日】
	19	特記	【特記事項】

⑲ 養子縁組取消届／養親の記録

タイトル	No.	項目	インデックス
縁組取消し	1	養子縁組取消し	【縁組取消しの裁判確定日】
	2		【養子氏名】
	3		【養子氏名】
	4	届出	【届出日】
	5		【届出人】
	6		【届出人】
	7		【共同届出人】
	8	送付	【送付を受けた日】
	9		【受理者】
	10	許可	【許可日】
	11		【許可書謄本の送付を受けた日】
	12		【許可を受けた者】
	13	記録	【記録日】
	14	特記	【特記事項】

2　身分事項

⑺０　**養子縁組取消届／養子の配偶者の記録**

タイトル	No.	項目	インデックス
配偶者の縁組取消し	1	入籍	【入籍日】
	2		【入籍事由】
	3	除籍	【除籍日】
	4		【除籍事由】
	5	許可	【許可日】
	6		【許可書謄本の送付を受けた日】
	7		【許可を受けた者】
	8	入籍戸籍	【従前戸籍】
	9	除戸籍	【新本籍】
	10	特記	【特記事項】

⑺１　**養子離縁取消届／養子の記録**

タイトル	No.	項目	インデックス
離縁取消し	1	養子·離縁取消し	【離縁取消しの裁判確定日】
	2		【養父氏名】
	3		【養母氏名】
	4	届出	【届出日】
	5		【届出人】
	6		【届出人】
	7		【共同届出人】
	8	送付	【送付を受けた日】
	9		【受理者】
	10	許可	【許可日】
	11		【許可書謄本の送付を受けた日】
	12		【許可を受けた者】
	13	入籍	【入籍日】
	14	入籍戸籍	【従前戸籍】
	15	除籍	【除籍日】
	16	除戸籍	【新本籍】
	17		【入籍戸籍】
	18	記録	【記録日】
	19	特記	【特記事項】

205

参考　コンピュータ戸籍のタイトル及びインデックス一覧

(72)　養子離縁取消届／養親の記録

タイトル	No.	項目	インデックス
離縁取消し	1	養子離縁取消し	【離縁取消しの裁判確定日】
	2		【養子氏名】
	3		【養子氏名】
	4	届出	【届出日】
	5		【届出人】
	6		【届出人】
	7		【共同届出人】
	8	送付	【送付を受けた日】
	9		【受理者】
	10	許可	【許可日】
	11		【許可書謄本の送付を受けた日】
	12		【許可を受けた者】
	13	記録	【記録日】
	14	特記	【特記事項】

(73)　養子離縁取消届／養子の配偶者の記録

タイトル	No.	項目	インデックス
配偶者の離縁取消し	1	入籍	【入籍日】
	2		【入籍事由】
	3	除籍	【除籍日】
	4		【除籍事由】
	5	許可	【許可日】
	6		【許可書謄本の送付を受けた日】
	7		【許可を受けた者】
	8	入籍戸籍	【従前戸籍】
	9	除戸籍	【新本籍】
	10	特記	【特記事項】

(74)　婚姻取消届／夫又は妻の記録

タイトル	No.	項目	インデックス
婚姻取消し	1	婚姻取消し	【婚姻取消しの裁判確定日】
	2		【配偶者氏名】
	3	届出	【記録請求日】
	4	送付	【送付を受けた日】

2 身分事項

	5		【受理者】
	6	許可	【許可日】
	7		【許可書謄本の送付を受けた日】
	8		【許可を受けた者】
	9	入籍	【入籍日】
	10	入籍戸籍	【従前戸籍】
	11	除籍	【除籍日】
	12	除戸籍	【新本籍】
	13		【入籍戸籍】
	14	記録	【記録日】
	15	特記	【特記事項】

(75) 離婚取消届／夫又は妻の記録

タイトル	No.	項目	インデックス
離婚取消し	1	離婚取消し	【離婚取消しの裁判確定日】
	2		【配偶者氏名】
	3	届出	【届出日】
	4		【届出人】
	5	送付	【送付を受けた日】
	6		【受理者】
	7	許可	【許可日】
	8		【許可書謄本の送付を受けた日】
	9		【許可を受けた者】
	10	入籍	【入籍日】
	11	入籍戸籍	【従前戸籍】
	12	除籍	【除籍日】
	13	除戸籍	【入籍戸籍】
	14	記録	【記録日】
	15	特記	【特記事項】

(76) 失踪宣告取消届／失踪宣告を取り消された者の記録

タイトル	No.	項目	インデックス
失踪宣告取消し	1	失踪宣告取消し	【失踪宣告取消しの裁判確定日】
	2	届出	【届出日】
	3		【届出人】
	4	送付	【送付を受けた日】

207

参考　コンピュータ戸籍のタイトル及びインデックス一覧

	5		【受理者】
	6	許可	【許可日】
	7		【許可書謄本の送付を受けた日】
	8		【許可を受けた者】
	9	消除	【消除日】
	10		【消除事項】
	11	従前の記録	【従前の記録】
	12	特記	【特記事項】

⑺ 失踪宣告取消届／失踪宣告を取り消された者の配偶者の記録

タイトル	No.	項目	インデックス
配偶者の失踪宣告取消し	1	配偶者の失踪宣告	【消除日】
	2	許可	【許可日】
	3		【許可書謄本の送付を受けた日】
	4		【許可を受けた者】
	5	消除	【消除事項】
	6	従前の記録	【従前の記録】
	7	特記	【特記事項】

⑻ 推定相続人廃除取消届／推定相続人廃除を取り消された者の記録

タイトル	No.	項目	インデックス
推定相続人廃除取消し	1	推定相続人廃除取消し	【推定相続人廃除取消しの裁判確定日】
	2		【推定相続人廃除取消しの調停成立日】
	3		【被相続人】
	4	届出	【届出日】
	5		【届出人】
	6	送付	【送付を受けた日】
	7		【受理者】
	8	許可	【許可日】
	9		【許可書謄本の送付を受けた日】
	10		【許可を受けた者】
	11	記録	【記録日】
	12	消除	【消除事項】
	13	従前の記録	【従前の記録】
	14	特記	【特記事項】

2　身分事項

(79)　帰化届／未成年後見人の帰化の記録

タイトル	No.	項目	インデックス
未成年後見人の帰化	1	未成年後見人の帰化	【未成年後見人の帰化日】
	2		【未成年後見人】
	3		【未成年後見人の新本籍】
	4	送付	【送付を受けた日】
	5		【受理者】
	6	許可	【許可日】
	7		【許可書謄本の送付を受けた日】
	8		【許可を受けた者】
	9	記録	【記録日】
	10	特記	【特記事項】

(80)　国籍取得届／未成年後見人の国籍取得の記録

タイトル	No.	項目	インデックス
未成年後見人の国籍取得	1	未成年後見人の国籍取得	【未成年後見人の国籍取得日】
	2		【未成年後見人】
	3		【未成年後見人の新本籍】
	4	送付	【送付を受けた日】
	5		【受理者】
	6	許可	【許可日】
	7		【許可書謄本の送付を受けた日】
	8		【許可を受けた者】
	9	記録	【記録日】
	10	特記	【特記事項】

(ア)　訂正／基本事項の訂正の記録　（※戸籍事項欄及び身分事項欄に記録）

タイトル	No.	項目	インデックス
訂　　正 　　　訂　　正	1	訂正	【訂正日】
	2		【訂正事項】
	3		【訂正事由】
	4		【裁判確定日】
	5	申請	【申請日】
	6		【申請人】
	7		【申請人】
	8	送付	【通知を受けた日】

209

参考　コンピュータ戸籍のタイトル及びインデックス一覧

	No.		インデックス
	9		【送付を受けた日】
	10		【受理者】
	11		【許可日】
	12	許可	【許可書謄本の送付を受けた日】
	13		【許可を受けた者】
	14	従前の記録	【従前の記録】
	15	記録の内容	【記録の内容】
	16	特記	【特記事項】

※訂正のタイトルは，「基本タイトル」と「段落ちタイトル」の2通りがありる。

(イ)　**訂正／基本事項の文字訂正の記録**（※戸籍事項欄及び身分事項欄に記録）

タイトル	No.	項目	インデックス
文字訂正 文字関連訂正 　　文字関連訂正	1	訂正	【訂正日】
	2	従前の記録	【従前の記録】
	3	特記	【特記事項】

※文字関連訂正のタイトルは，「基本タイトル」と「段落ちタイトル」の2通りがありる。

(ウ)　**記録／基本事項の記録**（※戸籍事項欄及び身分事項欄に記録）

タイトル	No.	項目	インデックス
記　　録 　　記　　録	1		【記録日】
	2	記録	【記録事項】
	3		【記録事由】
	4		【裁判確定日】
	5		【申請日】
	6	申請	【申請人】
	7		【申請人】
	8		【通知を受けた日】
	9	送付	【送付を受けた日】
	10		【受理者】
	11		【許可日】
	12	許可	【許可書謄本の送付を受けた日】
	13		【許可を受けた者】
	14	関連	【関連訂正事項】
	15	従前の記録	【従前の記録】
	16	記録の内容	【記録の内容】

210

2　身分事項

| | 17 | 特記 | 【特記事項】 |

※記録のタイトルは，「基本タイトル」と「段落ちタイトル」の2通りがある。

(エ)　**消除／基本事項の消除の記録**（※戸籍事項欄及び身分事項欄に記録）

タイトル	No.	項目	インデックス
消　　除	1	消除	【消除日】
	2		【消除事項】
	3		【消除事由】
	4		【裁判確定日】
	5	申請	【申請日】
	6		【申請人】
	7		【申請人】
	8	送付	【通知を受けた日】
	9		【送付を受けた日】
	10		【受理者】
	11	許可	【許可日】
	12		【許可書謄本の送付を受けた日】
	13		【許可を受けた者】
	14	消除戸籍	【従前戸籍】
	15	回復戸籍	【回復戸籍】
	16	関連	【関連訂正事項】
	17	従前の記録	【従前の記録】
	18	特記	【特記事項】

※消除のタイトルは「基本タイトル」のみである。

(オ)　**移記／移記による基本事項の消除の記録**（※戸籍事項欄及び身分事項欄に記録）

タイトル	No.	項目	インデックス
移　　記 　　移　　記	1	移記	【移記日】
	2		【移記事項】
	3		【移記事由】
	4		【裁判確定日】
	5	申請	【申請日】
	6		【申請人】
	7		【申請人】
	8	送付	【通知を受けた日】
	9		【送付を受けた日】

211

参考 コンピュータ戸籍のタイトル及びインデックス一覧

	10		【受理者】
	11	許可	【許可日】
	12		【許可書謄本の送付を受けた日】
	13		【許可を受けた者】
	14	移記戸籍	【移記前の戸籍】
	15		【移記後の戸籍】
	16	従前の記録	【従前の記録】
	17	特記	【特記事項】

※移記のタイトルは，「基本タイトル」と「段落ちタイトル」の2通りがある。

(カ) **入籍／入籍の記録**（※戸籍事項欄及び身分事項欄に記録）

タイトル	No.	項目	インデックス
入　　籍	1	入籍	【入籍日】
	2		【入籍事項】
	3		【入籍事由】
	4		【裁判確定日】
	5	申請	【申請日】
	6		【申請人】
	7		【申請人】
	8	送付	【通知を受けた日】
	9		【送付を受けた日】
	10		【受理者】
	11	許可	【許可日】
	12		【許可書謄本の送付を受けた日】
	13		【許可を受けた者】
	14	入籍戸籍	【従前戸籍】
	15	特記	【特記事項】

(キ) **入籍／子の入籍による父母の入除籍の記録**（※戸籍事項欄及び身分事項欄に記録）

タイトル	No.	項目	インデックス
子の入籍	1	入籍	【入籍日】
	2		【入籍事由】
	3	除籍	【除籍日】
	4		【除籍事由】
	5	申請	【申請日】
	6		【申請人】

2　身分事項

	7		【申請人】
	8	送付	【通知を受けた日】
	9		【送付を受けた日】
	10		【受理者】
	11	許可	【許可日】
	12		【許可書謄本の送付を受けた日】
	13		【許可を受けた者】
	14	入籍戸籍	【従前戸籍】
	15	除戸籍	【新本籍】
	16	特記	【特記事項】

(ク)　**除籍／除籍の記録**（※戸籍事項欄及び身分事項欄に記録）

タイトル	No.	項目	インデックス
除　　籍	1	除籍	【除籍日】
	2		【除籍事項】
	3		【除籍事由】
	4		【裁判確定日】
	5	申請	【申請日】
	6		【申請人】
	7		【申請人】
	8	送付	【通知を受けた日】
	9		【送付を受けた日】
	10		【受理者】
	11	許可	【許可日】
	12		【許可書謄本の送付を受けた日】
	13		【許可を受けた者】
	14	除戸籍	【入籍戸籍】
	15		【新本籍】
	16	従前の記録	【従前の記録】
	17	特記	【特記事項】

(ケ)　**回復／回復の記録**（※戸籍事項欄及び身分事項欄に記録）

タイトル	No.	項目	インデックス
回　　復	1	回復	【回復日】
	2		【回復事項】
	3		【回復事由】

213

参考　コンピュータ戸籍のタイトル及びインデックス一覧

	4		【裁判確定日】
	5		【申請日】
	6	申請	【申請人】
	7		【申請人】
	8		【通知を受けた日】
	9	送付	【送付を受けた日】
	10		【受理者】
	11		【許可日】
	12	許可	【許可書謄本の送付を受けた日】
	13		【許可を受けた者】
	14	特記	【特記事項】

㈅　引取り／棄児引取りによる出生事項の消除の記録（※戸籍事項欄及び身分事項欄に記録）

タイトル	No.	項目	インデックス
引取り	1		【引取日】
	2		【引取人】
	3	引取り	【引取人の戸籍】
	4		【引取人氏名】
	5		【申請日】
	6		【消除事由】
	7	特記	【特記事項】

㈾　子の復籍／子の復籍による父母の入除籍の記録（※戸籍事項欄及び身分事項欄に記録）

タイトル	No.	項目	インデックス
子の復籍	1	入籍	【入籍日】
	2		【入籍事由】
	3		【届出日】
	4	届出	【除籍日】
	5		【除籍事由】
	6	送付	【送付を受けた日】
	7		【受理者】
	8		【許可日】
	9	許可	【許可書謄本の送付を受けた日】
	10		【許可を受けた者】

	11	入籍戸籍	【従前戸籍】
	12	除籍	【除籍日】
	13	除戸籍	【新本籍】
	14	特記	【特記事項】

(シ) **更正／基本事項の更正の記録**（※戸籍事項欄及び身分事項欄に記録）

タイトル	No.	項目	インデックス
更　　正　　　更　　正	1	更正	【更正日】
	2		【更正事項】
	3		【更正事由】
	4	従前の記録	【従前の記録】
	5	特記	【特記事項】

※更正のタイトルは，「基本タイトル」と「段落ちタイトル」の２通りがあります。

(ス) **更正／基本事項の文字更正の記録**（※戸籍事項欄及び身分事項欄に記録）

タイトル	No.	項目	インデックス
文字更正　文字関連更正　　　文字関連更正	1	更正	【更正日】
	2	従前の記録	【従前の記録】
	3	特記	【特記事項】

※文字関連更正のタイトルは，「基本タイトル」と「段落ちタイトル」の２通りがあります。

(セ) **追完／基本事項の追完の記録**（※戸籍事項欄及び身分事項欄に記録）

タイトル	No.	項目	インデックス
追　　完　　　追　　完	1	追完	【追完日】
	2		【追完の内容】
	3		【追完事由】
	4	届出	【届出日】
	5		【届出人】
	6		【届出人】
	7	送付	【送付を受けた日】
	8		【受理者】
	9	許可	【許可日】
	10		【許可書謄本の送付を受けた日】
	11		【許可を受けた者】
	12	入籍	【入籍日】

215

参考　コンピュータ戸籍のタイトル及びインデックス一覧

	13	入籍戸籍	【入籍戸籍】
	14		【新本籍】
	15	除籍	【除籍日】
	16	除戸籍	【除籍戸籍】
	17	従前の記録	【従前の記録】
	18	記録の内容	【記録の内容】
	19	特記	【特記事項】

※追完のタイトルは，「基本タイトル」と「段落ちタイトル」の２通りがある。

(ソ)　**外国人配偶者の国籍変更／日本人配偶者の記録**（※戸籍事項欄及び身分事項欄に記録）

タイトル	No.	項目	インデックス
配偶者の国籍変更	1	記録	【記録日】
	2	変更	【変更事由】
	3		【変更後の国籍】
	4	特記	【特記事項】

(タ)　**外国人配偶者の氏名変更／日本人配偶者の記録**（※戸籍事項欄及び身分事項欄に記録）

タイトル	No.	項目	インデックス
配偶者の氏名変更	1	記録	【記録日】
	2	変更	【変更後の氏名】
	3	特記	【特記事項】

(チ)　**平成15年法律第111号３条の記録**

タイトル	No.	項目	インデックス
平成１５年法律第１１１号３条	1	更正	【平成15年法律第111号３条による裁判発効日】
	2		【平成15年法律第111号３条による裁判確定日】
	3	届出	【記録嘱託日】
	4	入籍戸籍	【従前戸籍】
	5	除戸籍	【新本籍】
	6	従前の記録	【従前の記録】
	7	特記	【特記事項】

事 項 索 引

（末尾に※を付しているものは「インデックス」である）

【あ】

移記
 ——事由※·······················153
 ——のタイトル·················153
 記録事項の——·················53
 氏名変更事項の——···········96
 親権事項の——···············150
 代諾者の記録の——···········56
 追完事項の——···············30
 特記事項の——·······14, 18, 20
 入籍日の——···········21, 23, 26
遺言執行者·························36
遺言認知·······················34, 36
姻族関係終了届···················120
インデックス·····················5, 7
 ——の記録順序············7, 164
氏変更事項·······················110
氏変更の事由※···········77, 109, 134
氏変更日※···········77, 78, 109, 134
縁組日※·······················55, 78
縁氏続称届　→戸籍法73条の２の届
親子関係不存在確認の裁判
 ·················13, 18, 48, 151, 158

【か】

外国人との婚姻届··················86
外国人配偶者の氏名···············88
懐胎時期に関する証明書···········17
学齢に達した子の出生届···········20
管轄法務局の許可·················52
関連訂正事項※·················45, 52

基本タイトル·················4, 7, 30
協議者※·······················70, 73
協議離縁·······················67, 71
協議離婚·······················97, 107
共同縁組者※······················61
記録事項の移記···················53
記録のタイトル···················52
記録の内容※······················30
記録日※·······················25, 95
結合氏···························91
県庁所在地の市名と県名が同じ場合
 の県名表示······················10
更正事項※·······················135
更正事由※···················135, 136
更正のタイトル···················93
更正日※·························135
国籍取得·························46
国籍取得証明書···················145
国籍取得届·······················144
国籍取得日※·····················145
呼称上の氏·············107, 110, 133
戸籍事項欄·························2
戸籍に記録されている者の欄·········4
戸籍の記録全部消除···············154
戸籍法62条の出生届···············15
戸籍法73条の２の届············75, 76
戸籍法77条の２の届··········106, 107
戸籍法上の氏　→呼称上の氏
戸籍法第62条の出生届···············11
戸籍法第63条の類推適用による届出··50
婚姻準正·························41
婚姻成立後200日以内の出生子·········50

婚姻届出の届出地 ……………………… 85

婚姻日※ …………………………… 83, 95

婚姻要件具備証明書 ………………… 90

婚氏続称届　→戸籍法77条の2の届

【さ】

裁判認知 …………………………… 34, 35

裁判離婚 …………………………… 102

市区町村長限りの職権訂正 ………… 42

死後認知 ……………………………… 34

事実主義 ……………………… 26, 28, 48

使者 ……………………………………… 9

死亡時分※ …………………… 118, 124

死亡地※ …………………………… 119

死亡日※ ……………………… 118, 124

氏名変更事項の移記 ………………… 96

15歳未満の者の戸籍法73条の2の届

　　出 ……………………………… 79

15歳未満の者の入籍届 ……………… 130

15歳未満の養子縁組 ………………… 56

15歳未満の養子離縁 ………………… 70

従前戸籍※

　　………56, 65, 78, 84, 101, 105, 110, 130

従前の氏に復する入籍 ……………… 141

従前の記録※ ………… 43, 134, 135, 136

従前の氏名※ ……………………… 146

住民票（出生届未済）……………… 15

出生地※ ………………………………… 8

出生日※ ………………………………… 8

取得の際の国籍※ ………………… 146

受理者※ ……………… 10, 84, 105, 110

受理照会 ……………………… 20, 21, 23

準正嫡出子 …………………… 12, 41, 44

消除事項※ ………………………… 159

消除して移記する処理 ……………… 153

消除事由※ ……………… 150, 152, 156

消除マーク …………… 5, 153, 156, 160

称する氏※ ……………………… 45, 84

除籍して入籍する処理 ……………… 150

除籍事由※ …………… 130, 141, 150

除籍日※ …………………………… 126

除籍マーク ……… 5, 69, 101, 119, 150

職権による死亡記載 ………………… 125

処理タイトル …………………………… 4

親権事項 ……………………………… 70

親権事項の移記 …………………… 150

親権者※ ……………… 74, 105, 113

親権者指定届 ……………………… 112

親権者を定めた日※ ………… 101, 113

親権者を定められた日※ …………… 105

新本籍※ ……… 45, 78, 89, 100, 109

推定されない嫡出子 ………………… 52

生前認知 ……………………………… 34

成年後見人からの死亡届 …………… 121

政令指定都市の県名表示 …………… 10

送付を受けた日※ …… 9, 84, 101, 105, 110

【た】

胎児認知 ……………………… 34, 38, 46

代諾者※ …………………………… 56, 61

代諾者の記録の移記 ………………… 56

タイトル ………………………………… 4

　移記の── ………………………… 153

　基本── …………………… 4, 7, 30

　記録の── ………………………… 52

　更正の── ………………………… 93

　処理── ……………………………… 4

　段落ち── ………… 4, 30, 136, 153

　追完の── ………………………… 29

　訂正の── ………………………… 42

　認知の── ………………………… 62

多角文字 ………………………………… 8

事項索引

段落ちタイトル……………… 4, 30, 136, 153
父の氏を称する入籍 ……… 48, 114, 147
父の国籍※………………………… 22, 27
父の生年月日※…………………………… 27
父未定の子…………………………………… 17
嫡出子出生届 …………………………… 7, 15
嫡出でない子の出生届 …………… 10, 16
嫡出否認の裁判 ………………… 148, 154
追完…………………………………… 28, 157
追完事項の移記 ………………………… 30
追完のタイトル…………………………… 29
続柄訂正 ………… 43, 45, 52, 149, 152
連れ子との縁組 ………………………… 54
連れ子との離縁 ………………………… 70
訂正のタイトル…………………………… 42
同居人からの届出 ……………………… 9, 117
同籍する旨の入籍 …………………… 137
特別代理人………………………………… 62
特記事項※ ………… 13, 14, 17, 19, 49
特記事項の移記 …………… 14, 18, 20
届出人※……… 8, 10, 14, 15, 36, 74, 104,
　　　　　　　113, 119, 121, 130, 146
届出日※ …… 8, 14, 104, 116, 119, 129, 145

【な】

入籍戸籍※ ……………………… 104, 130
入籍事由※ ……… 65, 130, 139, 142, 150
入籍日※ ………………… 21, 22, 24, 65
入籍日の移記……………………21, 23, 26
任意認知 ……………………………… 32, 34
認知者※………………………………… 37
認知者氏名※ ………………………… 43, 45
認知者の戸籍※ …………………… 43, 45
認知準正 ………………………………… 44
認知の裁判確定日※ ………………… 49
認知の種類…………………………… 33

認知のタイトル……………………………… 62
認知の届出の効力を有する出生届
　→戸籍法62条の出生届
認知日※………………………………… 34

【は】

配偶者区分※ …………… 83, 88, 99, 120
配偶者氏名※ ……… 43, 45, 84, 88, 100, 104
配偶者の国籍 ………………………… 88
配偶者の死亡日※ …………………… 119
配偶者の氏名変更 ……………90, 93, 95
配偶者の生年月日※ ………………… 89
母が50歳以上の出生届 ……………… 23
母の氏を称する入籍 ……… 18, 75, 128
母の国籍※ …………………………… 22, 47
母の生年月日※ ……………………… 47
筆頭者の氏名欄 ………………… 2, 83, 87
夫婦共同縁組 …………………… 56, 59
夫婦同時死亡 ………………………… 122
復氏届 ………………………………… 120
福祉事務所長からの死亡申出……… 125
父子関係不存在確認の裁判……… 13, 18
父母双方との親子関係不存在確認の
　裁判 ……………………………… 158
変更後の氏名※…………………………… 93
編製日※ ……………… 83, 101, 110
法定代理人…………………………… 70, 130
本籍の表示欄 …………………… 2, 83, 87

【ま】

未成年後見人※ ……………………… 115
未成年後見人指定届 ………………… 114
未成年後見人就職日※ ……………… 115
未成年後見人の戸籍※ ……………… 116
未成年者の後見開始事由※ ……… 115
身分事項欄……………………………………… 4

219

事項索引

民法上の氏…………63, 107, 110, 132, 140

無国籍者を父母とする出生届…………21

【や】

養子が復氏しない場合………………74

養子氏名※……………………………55, 69

養子の従前戸籍※……………………66

養子の新本籍※………………………66

養親と実親が婚姻中の親権…………58

養親の戸籍※…………………………65

養父※…………………………………61

養父氏名※………………………61, 69, 73

養母※………………………………61, 73

養母氏名※……………………………61

養母の氏を称する入籍………………75

【ら】

離縁協議者……………………………71

離縁による復氏………………………71

離縁日※………………………………69

離婚後300日以内の出生子
………………13, 16, 148, 151, 154

離婚の調停成立日※………………104

離婚日※……………………………100

記載例から読み解く戸籍の実務
――コンピュータ戸籍の基礎知識――

定価：本体2,300円（税別）

平成28年11月29日　初版発行

監　修　木　村　三　男

著　者　加　藤　信　良

発行者　尾　中　哲　夫

発行所　日本加除出版株式会社

本　　社　郵便番号 171-8516
　　　　　東京都豊島区南長崎3丁目16番6号
　　　　　ＴＥＬ　（03）3953 - 5757（代表）
　　　　　　　　　（03）3952 - 5759（編集）
　　　　　ＦＡＸ　（03）3953 - 5772
　　　　　ＵＲＬ　http://www.kajo.co.jp/

営　業　部　郵便番号 171-8516
　　　　　東京都豊島区南長崎3丁目16番6号
　　　　　ＴＥＬ　（03）3953 - 5642
　　　　　ＦＡＸ　（03）3953 - 2061

組版・印刷　㈱郁文 ／ 製本　牧製本印刷㈱

落丁本・乱丁本は本社でお取替えいたします。
Ⓒ Nobuyoshi Kato 2016
Printed in Japan
ISBN978-4-8178-4357-9 C2032 ¥2300E

JCOPY　〈出版者著作権管理機構　委託出版物〉
本書を無断で複写複製（電子化を含む）することは，著作権法上の例外を除き，禁じられています。複写される場合は，そのつど事前に出版者著作権管理機構（JCOPY）の許諾を得てください。
また本書を代行業者等の第三者に依頼してスキャンやデジタル化することは，たとえ個人や家庭内での利用であっても一切認められておりません。

〈JCOPY〉　ＨＰ：http://www.jcopy.or.jp/，e-mail：info@jcopy.or.jp
電話：03-3513-6969，FAX：03-3513-6979

戸籍実務の取扱いを
一問一答でまとめあげた体系的解説書

改訂 設題解説 戸籍実務の処理

●実務の基本をおさえるのに最適な設問と簡潔な回答。
●法令・先例・判例等の根拠が明確に示された具体的な解説で
「間違いのない実務」に役立つ。

レジストラー・ブックス126
Ⅲ 出生・認知編　　木村三男 監修　竹澤雅二郎・荒木文明 著
2009年12月刊 A5判 428頁 本体4,000円+税 978-4-8178-3846-9 商品番号：41126 略号：設出

レジストラー・ブックス123
Ⅳ 養子縁組・養子離縁編
　　　　　　木村三男 監修　横塚繁・竹澤雅二郎・荒木文明 著
2008年12月刊 A5判 512頁 本体4,095円+税 978-4-8178-0323-8 商品番号：41123 略号：設縁

レジストラー・ブックス131
Ⅴ 婚姻・離婚編 (1)婚姻　　木村三男 監修　横塚繁・竹澤雅二郎 著
2011年8月刊 A5判 432頁 本体4,000円+税 978-4-8178-3943-5 商品番号：41131 略号：設婚

レジストラー・ブックス135
Ⅴ 婚姻・離婚編 (2)離婚　　　　木村三男 監修　神崎輝明 著
2012年11月刊 A5判 424頁 本体3,900円+税 978-4-8178-4042-4 商品番号：41135 略号：設離

レジストラー・ブックス136
Ⅵ 親権・未成年後見編　　木村三男 監修　竹澤雅二郎・荒木文明 著
2013年6月刊 A5判 368頁 本体3,700円+税 978-4-8178-4091-2 商品番号：41136 略号：設親

レジストラー・ブックス139
Ⅶ 死亡・失踪・復氏・姻族関係終了・推定相続人廃除編
　　　　　　　　木村三男 監修　竹澤雅二郎 著
2014年5月刊 A5判 400頁 本体4,000円+税 978-4-8178-4159-9 商品番号：41139 略号：設推

レジストラー・ブックス141
Ⅷ 入籍・分籍・国籍の得喪編
　　　　　　　　木村三男 監修　竹澤雅二郎・山本正之 著
2014年11月刊 A5判 472頁 本体4,000円+税 978-4-8178-4198-8 商品番号：41141 略号：設国

レジストラー・ブックス143
Ⅸ 氏名の変更・転籍・就籍編　　木村三男 監修　竹澤雅二郎 著
2015年8月刊 A5判 404頁 本体4,200円+税 978-4-8178-4249-7 商品番号：41143 略号：設氏

レジストラー・ブックス145
Ⅺ 戸籍訂正各論編 (1)出生(上) 職権・訂正許可・嫡出否認
　　　　　　　　木村三男 監修　竹澤雅二郎・神崎輝明 著
2016年5月刊 A5判 348頁 本体3,600円+税 978-4-8178-4306-7 商品番号：41145 略号：設訂出上

レジストラー・ブックス146
Ⅻ 戸籍訂正各論編 (2)出生(下) 親子関係存否確認
　　　　　　　　木村三男 監修　竹澤雅二郎・神崎輝明 著
2016年8月刊 A5判 468頁 本体4,800円+税 978-4-8178-4328-9 商品番号：41146 略号：設訂出下

日本加除出版　〒171-8516 東京都豊島区南長崎3丁目16番6号
TEL (03)3953-5642 FAX (03)3953-2061（営業部）
http://www.kajo.co.jp/